REJOIGNEZ NOTRE COMMUNAUTÉ DE LECTEURS !

Inscrivez-vous à notre newsletter et recevez chaque mois :
- des conseils inédits pour vous sentir bien ;
- des interviews et des vidéos exclusives ;
- des avant-premières, des bonus et des jeux !

Rendez-vous sur la page :
https://tinyurl.com/newsletterleduc

Découvrez aussi notre catalogue complet en ligne sur notre site : **www.editionsleduc.com**

Enfin, retrouvez toute notre actualité sur notre blog et sur les réseaux sociaux.

Maquette : Sébastienne Ocampo
Illustrations : Fotolia

29, boulevard Raspail
75007 Paris – France
ISBN : 979-10-285-1011-4

Marie Borrel et Alma Mary

LEÇONS DE CHAT !

Les bonnes chattitudes
pour vivre heureux

LEDUC.S
PRATIQUE

Nous tenons à remercier Looney (qui est si belle !), car c'est elle qui nous a donné l'idée de ce livre. Merci aussi à tous les chats qui l'ont précédée… et à ceux qui suivront sans doute !

Marie

À mon chaton Clémentine et aux miss, ainsi qu'à mon top one Ricardo et à tous les copains. Merci d'être toujours là ! Et merci à Julien, il se reconnaîtra…

Alma

SOMMAIRE

INTRODUCTION

Vous avez (ou avez déjà eu) un chat ? Vous avez certainement observé avec envie votre animal se prélassant au soleil pendant que vous étiez coincé chez vous par une obligation pénible : tondre la pelouse ou nettoyer le garage, surveiller les devoirs des enfants ou remplir la déclaration d'impôts… Dans ces moments, vous aimeriez bien, vous aussi, profiter des plaisirs les plus simples qu'offre l'existence : paresser sur un fauteuil à n'importe quelle heure de la journée, jouer, manger, sortir… Vous avez probablement entendu votre chat réclamer son repas avec insistance (beaucoup d'insistance !) puis, une fois repu, repartir sans manifester la moindre reconnaissance pour cette main qui le nourrit jour après jour.

La liberté dont font preuve les chats a de quoi nous faire rêver. D'autant que nous, pauvres humains, sommes sans cesse soumis aux contraintes de notre vie personnelle et sociale. Au point que nous avons parfois du mal à hiérarchiser ces « devoirs ». Nous sommes tellement sollicités que nous ne savons plus faire la part entre les contraintes impératives et celles qui pourraient être remises à plus tard. Nous nous sentons alors engloutis. Et la vision d'un chat qui n'a pas grand-chose à faire de ce qui se passe autour de lui nous attire, comme un papillon de nuit hypnotisé par la lumière qui va le brûler.

Aucun homme, aucune femme, aucun adolescent ou enfant ne pourrait se conduire vraiment comme un chat, mettre son autonomie et son désir de l'instant au centre de ses préoccupations en oubliant l'autre et la société. C'est vrai ! Mais entre cette posture extrême et nos comportements courants, il reste un grand espace de liberté « possible » que nous avons tendance à négliger. C'est là que les chats peuvent nous aider.

Les chats de notre vie

Polo, Capucine, Grouchat, Louroulou, Squatt, Loonie, La pioute... Les chats ont toujours fait partie de notre vie. Y compris deux sœurs de la même portée, de mère siamoise et de père chat de gouttière, que nous avions baptisées *Moulinex* et *Riz-la-croix*. Aujourd'hui, avec le recul, ces noms à l'humour potache ont tout d'une erreur de jeunesse ! Est-ce ce qui les a traumatisées ? Sans doute pas. Mais à l'âge de 4 ans, elles ont été saisies par une folie agressive.

Ce fut la seule expérience difficile de notre histoire d'amour avec les chats. Lorsqu'elles sont devenues dangereuses pour les enfants de la maison, nous avons dû nous en séparer. Ce fut un vrai chagrin. Mais avant cette conclusion douloureuse, elles nous avaient donné tout ce que nous ont offert les précédents et les suivants : leur affection, leurs câlins, leur drôlerie, leur caractère parfois doux et parfois emporté... Chacun l'a fait à sa manière, avec sa personnalité.

Polo : une femelle un brin sournoise

Polo était une belle chatte tricolore, aux grandes taches joliment réparties sur son long pelage soyeux. Elle promenait cette étonnante fourrure avec une élégance distante. *Polo* n'appréciait pas beaucoup les femmes, notamment une amie de la famille qu'elle gratifiait à chaque visite d'un coup de patte assez léger pour ne pas la blesser, mais suffisamment appuyé pour filer ses bas. Nous nous amusions à la regarder se faufiler, l'air de rien, sous les fauteuils du salon, jusqu'à se nicher sous celui où était assise l'invitée. Elle attendait, patiemment, se couchait en rond comme si elle était là seulement parce que cet abri lui offrait un confort idéal. Puis brusquement, sans que rien ne permette de le voir venir, un coup de patte jaillissait tel un éclair, avec une parfaite maîtrise de la puissance nécessaire pour atteindre le tissu, mais pas la peau en dessous. Une merveille de précision !

Squatt : un mâle très fidèle

Squatt a débarqué dans nos vies quelques décennies plus tard. Il doit son nom à la manière dont il a investi la maison. Nous habitions alors au premier étage d'un petit immeuble entouré d'espaces verts. Les enfants y jouaient, allaient et venaient, montaient et descendaient à leur guise. Un jour, une petite bande a débarqué à la maison avec, dans leurs jambes, un gros chat noir et blanc. Le dessin de son pelage était irrégulier, ce qui lui conférait un « visage » très reconnaissable. L'animal s'est d'abord couché sur le canapé du salon, y est resté quelques minutes, puis a migré sur un fauteuil. Il a ainsi testé tous les lieux susceptibles d'abriter son repos. Il a dû les trouver à son goût, puisqu'il a élu domicile chez nous. Malgré nos efforts, nous n'avons pas réussi à retrouver ses propriétaires et nous l'avons gardé.

Il nous a suivis lorsque nous avons déménagé à la campagne, en Normandie, dans une grande maison dont le vaste jardin était bordé par l'Eure. *Squatt* a pris possession des lieux, puis du quartier tout entier dont il protégeait l'accès comme s'il était partout chez lui. Il nous rapportait les souris qu'il chassait dans les dépendances. Il essayait, sans grande réussite, d'attraper les hirondelles qui revenaient chaque printemps nicher sous le toit. Les oiseaux étaient plus agiles que lui !

Lorsque nous sommes revenus en ville, il n'a montré aucune frustration. Il n'a jamais cherché à s'enfuir de cet espace clos, largement ouvert sur le ciel par de grandes baies vitrées derrière lesquelles il observait les pigeons. Nous avions l'impression que son bonheur était de vivre avec nous, où que ce soit. Jamais de mauvaise humeur, jamais de récrimination. *Squatt* (le squatter !) était extrêmement gentil et discret. Modérément affectueux, il ne fuyait pourtant jamais devant les caresses parfois très appuyées des enfants, même lorsqu'il semblait les subir patiemment alors qu'il avait manifestement envie qu'on lui fiche la paix.

***Looney* : le chaton sauvage**

Squatt est mort de vieillesse, à l'âge presque vénérable de 18 ans. La tristesse de son départ nous a incités à ne pas adopter tout de suite un nouvel animal. C'était compter sans le hasard, qui nous a fait remarquer, au cours d'une promenade, une petite boule noire nichée dans les hautes branches d'un arbre, à la lisière de la forêt. Terrifiée, elle ne savait pas redescendre. *Looney* (c'est ainsi que nous l'avons baptisée) était âgée d'à peine 2 mois. Elle s'est d'abord montrée très méfiante envers ces humains qui intervenaient dans sa vie de manière intempestive. Mais elle a tout de même accepté notre aide et nous l'avons ramenée à la maison.

De toute évidence, elle était née sauvage et avait été abandonnée par sa mère de manière précoce. Une visite chez un vétérinaire nous a confirmé son âge et rassurés sur son état de santé. *Looney* allait très bien, elle avait juste besoin de recevoir l'attention et les soins que sa mère avait cessé trop tôt de lui prodiguer. Nous avons donc pris le relais. Peu à peu, la petite boule de poils s'est détendue. En grandissant, elle a conquis son indépendance.

Nous avons emménagé au bord de la Méditerranée, dans une petite maison dotée d'un jardin de curé entouré de hauts murs tapissés de plantes grimpantes. Après des tentatives infructueuses, elle a réussi à grimper sur le faîte de ce qui, à son échelle, devait ressembler à de vrais remparts. Dès que la puissance de ses pattes lui a permis d'assurer ses sauts, elle a entrepris de mettre en pratique ce besoin d'autonomie qui semble continuer à l'animer très profondément. Depuis, elle s'évade chaque jour pour aller faire le tour du quartier.

Aujourd'hui, *Looney* fait partie intégrante de la maisonnée. Mais elle a gardé de sa petite enfance une grande exigence de liberté. Il est hors de question qu'elle accepte ce qu'elle n'a pas elle-même décidé : les caresses comme les repas, les soins comme les horaires... *Looney* vit comme bon lui semble et nous devons nous plier à ses exigences, par ailleurs assez raisonnables. Tant qu'elle est libre de ses mouvements, le reste lui importe peu.

Les chats ont leur caractère

Nous pourrions vous parler des autres félins qui nous ont fait la grâce d'habiter chez nous, mais ce serait bien long. Ces trois portraits suffisent à dessiner les contours des comportements familiers des chats. Vous n'êtes pas d'accord ? Il y en a parmi vous qui agitent la main pour nous faire part de la personnalité atypique de leur chat, de son caractère exceptionnel, de ses comportements singuliers... Calmez vos ardeurs ! C'est vrai, chaque chat est unique, tout comme chaque humain est particulier. Ce qui faisait dire à l'écrivain Colette, grande amoureuse des chats : *« Il n'y a pas de chat ordinaire. À fréquenter les chats, on ne risque que de s'enrichir ! »*

Finalement, les chats sont comme leurs maîtres : chacun possède son caractère, mais tous présentent des traits communs. Pierre est d'un naturel joyeux et optimiste, alors que

Paule est plus ombrageuse et Jacqueline anxieuse et stressée. Mais tous sont des êtres sociaux, capables de vivre en société. Les chats, de leur côté, sont décrits comme des animaux « sociaux facultatifs ». Ils montrent une grande souplesse comportementale, qui leur permet de vivre en groupe lorsque l'occasion se présente, tout en étant capables de s'épanouir en solitaires si c'est nécessaire. Chaque chat, dans sa personnalité, penche donc plutôt d'un côté de la balance ou de l'autre, en étant plutôt solitaire ou plutôt social. Ainsi, chacun des 12,7 millions de chats domestiques cohabitant avec des humains dans notre pays* possède sa personnalité. Ce qui ne les empêche pas de montrer des ressemblances.

Chaque race possède ses particularités. Prenez le siamois. C'est généralement un animal amical et dévoué à son compagnon humain. Il est affectueux, sensible, joueur. Mais attention : il sait se faire entendre lorsque vous le délaissez ou que quelque chose ne lui plaît pas. On le dit même « bavard » car il sait moduler ses miaou en fonction de ce qu'il ressent, au point parfois de devenir assez casse-pieds. Mais on lui pardonne tout tant il manifeste volontiers son attachement. À l'inverse, le chat persan est plus indépendant. Il est routinier et tient à ses petites habitudes. Ne le bousculez pas avec des nouveautés, il n'appréciera pas. Il ne renâcle pas lorsqu'il doit passer la journée seul à la maison, car il aime bien la tranquillité et la solitude. Mais il aime aussi vous voir revenir, et il le montre par des demandes répétées de caresses et de câlins, sans attendre que vous soyez disponible pour cela.

* Ce chiffre date de 2014.

Vous en voulez encore ? Allons faire un petit tour du côté des chats moins courants. Le sphynx par exemple. Ce chat dépourvu de poils présente une apparence étrange. On se sent presque gêné pour lui tant il montre ce que d'ordinaire les félins cachent, à savoir leur peau. C'est un chat frileux (qui s'en étonnerait !), qui apprécie la chaleur du foyer, les siestes dans les rayons de soleil ou au coin de la cheminée. Mais il les goûte d'autant plus que vous êtes à ses côtés, car le chat sphynx adore être le centre de toutes les attentions. Il déteste donc la solitude. Quoi ? Aucun regard posé sur lui pour lui rappeler qu'il est exceptionnel ? Ah non ! Pas de ça ! Cela ne l'empêche pas de montrer, lorsqu'il est entouré, des qualités d'intelligence, de vivacité, de curiosité et surtout de tolérance. Il s'entend bien avec tout le monde, y compris les autres chats et même les chiens (un comble !).

Quant au dernier chat à la mode, le Maine coon, il peut faire peur lorsqu'on le voit pour la première fois tant il est grand. Cette taille exceptionnelle ne l'empêche pas d'être tour à tour docile, affectueux et parfois un brin sauvage. Dans tous les cas il apprécie la cohabitation avec les humains. Tant mieux, car avec sa taille, il pourrait être dangereux s'il se mettait en tête de vous agresser !

Seul le chat européen (nom officiel du bon vieux chat de gouttière) échappe à toute définition raciale. On trouve tant de croisements dans sa généalogie qu'il peut avoir n'importe quel caractère. Les nôtres nous l'ont bien montré. Or, ce sont les chats les plus courants. Seule une petite minorité d'amoureux vont acheter leur animal chez un éleveur. L'immense majorité recueille un chat errant ou adopte un petit dans une portée chez un voisin, un ami voire un vétérinaire. Nous sommes donc très nombreux à posséder un (ou plusieurs) de ces chats impossibles à étiqueter. On rencontre pourtant chez eux des traits communs.

La liberté et l'indépendance avant tout

Le chat est libre, et il le reste même lorsqu'il nous fait la grâce d'accepter de vivre dans notre maison. Au point que, parfois, on se demande si nous ne vivrions pas plutôt chez lui. « *Les chiens ont des maîtres, les chats ont des serviteurs* », dit le journaliste et éditorialiste américain Dave Barry. Tous les possesseurs de chats le savent bien : cet animal a un don pour vous faire sentir que vous vivez chez lui, et non l'inverse. Ne comptez pas sur lui pour manifester sa reconnaissance. Vous remplissez régulièrement sa gamelle ? Et alors ! C'est la moindre des choses lorsque l'on est hébergé par l'une de ces créatures.

Un chat ne fait que ce qu'il désire. L'écrivain américain Mark Twain décrivait cette caractéristique féline en ces mots : « *De toutes les créatures de Dieu, il n'y en a qu'une qu'on ne mène pas à la baguette : c'est le chat !* » Avez-vous déjà essayé de forcer le vôtre à obéir ? Nous espérons que non, car ce serait peine perdue. Il pourra vous donner l'impression qu'il répond à vos ordres, mais c'est faux. Il suit seulement son désir de l'instant. Si l'envie lui vient d'autre chose, il oubliera instantanément vos efforts d'éducation. Ce n'est pas un hasard si les numéros de dressage de chats, dans les cirques, sont si rares. Les tigres apprennent à sauter dans un cercle de feu, les lions à faire le beau, les otaries à jongler avec des ballons, les chiens à marcher sur leurs pattes arrière... Les chats ? Rien, ou presque !

Ils se focalisent totalement sur l'instant présent alors que nous, pauvres humains éparpillés, tiraillés entre mille tentations, désireux d'embrasser le monde entier avec nos outils sensoriels et intellectuels limités, regardant sans cesse vers le passé ou l'avenir, avons tant de mal à vivre pleinement ce précieux instant qui file entre nos doigts. Au point que nombre de techniques se proposent de nous aider à nous recentrer sur lui. Nous ferions mieux de prendre exemple sur nos chats !

Cela ne signifie pas que le chat n'aime pas son maître, au contraire. Mais il a cette capacité étonnante de faire passer l'autre, quand bien même ce serait ce maître aimé, après lui et ses propres aspirations. Cela n'empêche pas le chat d'être extrêmement fidèle une fois qu'il vous a choisi comme compagnon. Et là encore, c'est lui qui décide. Il peut choisir de partir s'il trouve une maison plus accueillante, comme il peut choisir de rester envers et contre tout. Les exemples sont nombreux de chats perdus ayant parcouru des centaines de kilomètres pour retrouver leur foyer, tout autant que de chats ayant disparu un jour, sans prévenir, pour aller vivre ailleurs. L'animal peut se révéler très câlin et donner de l'affection, mais il le fait quand il veut, avec qui il veut. « *Les chiens vous regardent avec vénération, les chats vous toisent avec dédain* », remarquait Sir Winston Churchill.

Le choix de soi

De la même manière, le chat suit son rythme. Il possède une capacité de concentration et d'attention exceptionnelle, mais il la réserve à ce qui l'intéresse vraiment. Il sait se détendre (c'est le moins que l'on puisse dire !) et étirer son corps à l'extrême pour conserver toute sa souplesse, afin d'être fin prêt en cas non de besoin, mais de désir. S'il a envie de dormir, il dort. Et vous ne pourrez pas l'en empêcher, sauf à lui proposer une activité qui l'excite davantage. D'ailleurs, même au fond du plus profond sommeil, s'il entend une mouche voler, il se réveillera l'œil immédiatement vif pour chasser l'intrus.

Le chat choisit. Il choisit tout ! Si vous lui servez une marque de croquettes qu'il n'apprécie pas, il se détournera d'un air vaguement dégoûté en vous lançant au passage un regard culpabilisant. Cet animal possède aussi une capacité exceptionnelle à répéter ce qu'il a toujours raté, sans que l'échec l'en empêche jamais. Regardez un chat qui essaie d'attraper un oiseau : même si, dans toute sa vie, il n'arrive jamais à déguster le moindre petit volatile, il recommencera encore et encore…

Les chats sont d'une honnêteté absolue : ni faux-semblants, ni compromissions. Ce qui fait dire à l'humoriste et comédien Francis Blanche : « *Les êtres humains cachent, pour une raison ou une autre, leurs sentiments. Les chats, non !* » Une grande qualité. Mais ils la mettent en œuvre avec toujours la même indépendance, sans se soucier de la déception qu'ils peuvent vous causer malgré tout l'amour qu'ils vous portent. Il y a à cela une raison évidente : le chat ignore la culpabilité, sauf à vous la faire ressentir. Lorsque l'on ne se soucie que de soi, on est étranger à toute forme de remise en question, si tant est qu'un chat puisse développer de tels sentiments. Ce qui, vous l'avouerez, facilite grandement la vie !

Quand les chats deviennent altruistes

Ne croyez pas pour autant que les chats sont des êtres totalement indifférents. Ils ressentent souvent la faiblesse de leur maître lorsque celui-ci est malade ou déprimé. L'animal se dévoue alors et se couche contre lui pour le réconforter.

Certains vont même plus loin. Dans une maison de retraite de Rhode Island, aux États-Unis, un chat baptisé *Oscar* sent venir le décès des patients très âgés ou malades. Il se couche alors sur leur lit et les « accompagne » de sa tendresse jusqu'à l'instant ultime. On pourrait voir dans cet animal une sorte « d'oiseau de mauvais augure », mais le soin que prend *Oscar* à offrir sa présence à ceux qui vont partir écarte cette hypothèse.

On a vu tourner sur Internet les images d'un grand chat Main coon, *Thula*, qui s'occupe d'une enfant sans jamais la quitter. Iris Grace, autiste, avait beaucoup de mal à communiquer et était en proie à des accès d'anxiété intense. Grâce à la présence permanente de l'animal à ses côtés, elle a fait d'étonnants progrès. Le chat l'accompagne dans toutes ses activités, même les plus incongrues pour cet animal. *Thula* prend son bain avec la petite fille (trop drôle de le voir assis dans la baignoire avec de l'eau jusqu'au garrot !), nage avec elle à la piscine (si, si !), l'assiste quand elle peint, se promène, fait du trampoline… Une vraie petite nounou qui prend son travail très à cœur et obtient des résultats que les thérapeutes n'osaient espérer.

Ces exemples extrêmes montrent bien que les chats ne sont pas seulement des égoïstes impénitents. Ils peuvent se montrer empathiques lorsque la situation le nécessite. C'est là que nous ne plaçons pas, eux et nous, le curseur au même endroit !

Les chats : des modèles ?

Au lieu de regarder la liberté des chats avec envie, si nous essayions de nous en inspirer ? Certes, dans notre vie d'humain, nous ne pouvons pas copier exactement leurs attitudes et les appliquer à la lettre. Si nous le faisions, cela produirait des situations très cocasses. Imaginez : vous êtes invité à dîner chez des amis, et la maîtresse de maison vous sert un plat qui ne vous emballe pas. Vous approchez votre nez de l'assiette pour vous assurer que le fumet qui s'en dégage correspond bien à votre première impression, puis vous la repoussez négligemment avec une moue dédaigneuse. Et vous quittez la table pour bien faire comprendre à votre hôtesse que cela ne vous convient pas. Si vous agissiez ainsi, vous seriez rapidement rayé de la liste des personnes que l'on invite à sa table !

Ce n'est pas à ce niveau superficiel que nous devrions imiter les chats, mais plus en profondeur. Nous ne pouvons pas reproduire leurs attitudes, mais ce qui les sous-tend : leur liberté, leur indépendance, leur capacité à ne pas se lasser des petits plaisirs quotidiens... Dans le film *Out of Africa*[*], le personnage de Finch Hatton (incarné par Robert Redford) répond à Karen Blixen (dont le rôle est interprété par Meryl Streep) qui lui demande s'il préfère les animaux aux hommes : « *Eux ne font jamais rien sans enthousiasme. Tout est toujours la première fois : chasser, travailler*[**], *s'apparier... Il n'y a que l'homme qui fasse cela mal. Il n'y a que l'homme qui se lasse de le faire et le refaire.* » Cette remarque s'applique particulièrement bien aux félins, notamment nos chats domestiques.

Certes, il n'est pas question de devenir complètement égocentrique, ni de se défaire de toute empathie pour ceux qui nous entourent. Mais il ne faut pas oublier que nombre de psychothérapies et de techniques de développement personnel sont censées nous aider à trouver notre autonomie et notre liberté intérieure, à vivre dans l'instant présent, à cultiver les petits plaisirs quotidiens... Toutes choses que les chats font à la perfection.

* Film réalisé par Sydney Pollack, sorti en 1985, racontant l'expérience africaine de la romancière danoise Karen Blixen.

** Dans la version originale, l'auteur des dialogues emploie le mot *work*, dont l'acception est plus large que le terme *travailler*. En français, il peut paraître étrange de parler de travail pour désigner les activités des animaux. Mais il a été ainsi traduit dans la version française.

Test. À quel point êtes-vous chat ?

Vous êtes prêt à prendre quelques leçons de « chattitude » en observant votre compagnon à quatre pattes ? Avant de vous lancer, faites d'abord le point sur vos capacités. En la matière, nous ne partons pas tous avec le même handicap (pour employer une expression sportive). Alors répondez sincèrement aux questions suivantes, puis rendez-vous aux résultats p. 26.

1/ Un collègue vous fait une réflexion désobligeante…

a. Vous montez immédiatement sur vos grands chevaux. Vous n'allez tout de même pas vous laisser traiter de cette manière !
b. Vous fondez en larmes. Comment peut-il se montrer aussi blessant, alors que vous êtes toujours gentil avec lui ?
c. Ça ne vous fait ni chaud ni froid. De toute manière, vous vous fichez comme d'une guigne de l'avis des autres.

2/ Vous allez au cinéma en famille, mais vous n'avez pas envie de voir le film que tous les autres ont choisi…

a. Vous les laissez aller voir leur film et vous choisissez dans la programmation quelque chose qui vous convient mieux. Et s'ils doivent vous attendre un peu à la sortie, tant pis !
b. Vous faites contre mauvaise fortune bon cœur. Après tout, c'est la majorité qui décide.

c. Vous essayez de négocier. Et si c'est impossible, vous suivez le mouvement en ronchonnant. Les autres pourraient faire un effort de temps en temps, tout de même !

3/ Votre amoureux(se) se montre très tendre ce soir. Mais vous, vous avez plutôt envie d'un plateau-télé et d'une soirée lecture…

a. Vous vous laissez faire en attendant que votre désir s'éveille. Après tout, l'appétit vient en mangeant…
b. Les câlins, c'est quand vous voulez. C'est comme ça et pas autrement !
c. C'est juste un moment à passer. Vous activez le mouvement pour avoir le temps de lire après.

4/ Vous avez décidé d'apprendre à jouer du piano, mais cela se révèle plus difficile que prévu…

a. Vous vous donnez quelques semaines pour essayer vraiment. Si le plaisir n'est pas au rendez-vous au terme de ce délai, vous renoncerez.
b. Vous pensiez que ce serait plus simple et plus agréable. Vous préférez mettre un terme tout de suite à ce projet.
c. Vous essayez de trouver du plaisir dans chaque exercice, aussi aride soit-il. Après tout, c'est le chemin qui compte, pas le but.

5/ Vous avez décidé de partir visiter le Cambodge sac à dos et nez au vent, mais personne ne veut vous accompagner dans cette aventure…

a. Tant pis pour eux Vous n'avez besoin de personne pour voyager, vous irez seul.
b. Vous renoncez à votre projet. Sans un partenaire enthousiaste, ce voyage ne vaudrait pas la peine.
c. Vous retardez votre voyage, le temps de trouver une personne que l'idée emballe. Il n'y a pas d'urgence.

6/ Vous êtes invité à une crémaillère chez des amis qui viennent de s'installer à la campagne. Mais votre GPS est en panne et vous avez oublié votre téléphone portable. Du coup, vous avez du mal à trouver votre chemin…

a. Vous continuez à tourner dans le quartier, vous finirez bien par trouver.
b. Vous demandez votre chemin à la première personne que vous croisez. Les autres sont là pour ça !
c. Vous renoncez à cette soirée et faites demi-tour. Vous préviendrez vos amis en arrivant chez vous.

7/ Vendredi soir, vous vous préparez à passer un week-end détente pour vous reposer. Mais votre meilleur(e) ami(e) sollicite votre aide au dernier moment pour une tâche pas folichonne…

a. Vous lui dites « non », sans agressivité mais sans fournir d'explication. Vous n'êtes pas disponible, un point c'est tout !

b. Vous vous forcez un peu. Quand les autres ont besoin de vous, vous êtes toujours au rendez-vous.
c. Vous vous creusez la tête pour trouver une bonne raison de refuser. Vous n'avez pas envie d'y aller, mais vous ne voulez pas le blesser.

8/ Vous vous réveillez en retard le matin...

a. Pas de problème. Vous réglez toujours votre réveil avec une demi-heure d'avance pour avoir le temps de vous rendormir un peu sans risquer d'être en retard.
b. Vous prenez votre douche en vitesse et filez sans même avaler un café. Vous ne supportez pas de faire attendre les autres.
c. Vous gardez votre rythme et prenez votre temps. Il vaut mieux arriver en retard au boulot mais en pleine forme, qu'être à l'heure mais déjà fatigué et énervé avant de commencer la journée.

9/ Vous avez devant vous une journée tranquille, sans contraintes...

a. Vous en profitez pour effectuer une tâche pénible que vous reportez depuis des semaines : ranger la cave, repeindre la chambre du petit dernier...
b. Vous vous saisissez de ce « temps pour vous » pour vous faire plaisir : lire au lit, aller au ciné, rêvasser, vous offrir un massage-détente...

c. Vous vous demandez ce qui pourrait faire plaisir à vos proches, afin de leur faire une belle surprise : un petit dîner imprévu, un goûter pour les enfants...

10/ La journée a été chargée en tensions et en contrariétés. Vous avez besoin de calme. Mais à la maison, le téléphone n'arrête pas de sonner...

a. Vous coupez la sonnerie. Ceux qui veulent vous joindre attendront.
b. Vous répondez, mais vous efforcez de résister aux sollicitations. Vous avez besoin de calme, et vous l'exprimez gentiment.
c. Vous n'arrivez pas à vous protéger contre le désir des autres. Alors vous vous laissez embarquer dans une sortie dont vous n'avez pas envie.

11/ Au bureau, la réunion s'éternise et devient complètement inintéressante et inutile...

a. Vous vous efforcez de faire bonne figure et attendez que cela se termine avec une patience de façade.
b. Vous trouvez un prétexte pour vous éclipser. Ils finiront sans vous et si cela ne plaît pas à certains, tant pis !
c. Vous faites des efforts constants pour revenir à l'objet de la réunion, dans l'espoir que cela fera avancer les choses.

12/ Face à l'imprévu, vous êtes plutôt...

a. Adaptable. Vous êtes assez souple et curieux pour trouver de la satisfaction dans n'importe quelle situation nouvelle.
b. Frileux. Vous avez besoin de temps pour vous adapter à la nouveauté.
c. Nerveux. Vous tenez à vos habitudes et la curiosité n'est pas votre fort. Vous voulez avant tout qu'on vous laisse tranquille !

Les résultats

Question	1	2	3	4	5	6	7	8	9	10	11	12
« Réponse chat »	c	a	b	c	a	b	a	c	b	a	b	a

Comptabilisez le nombre de « réponses chat ». Certaines vous sembleront peu compatibles avec les règles courantes de la vie en société. C'est vrai ! L'idée n'est pas de vous pousser à vous transformer en une personne égocentrique qui ne prend pas les autres en considération. Nous voulions juste vous montrer, avec un brin d'exagération amusée, comment la liberté des chats, leur curiosité insatiable, leur capacité à vivre dans l'instant présent... peuvent s'inscrire dans votre quotidien.

Voici tout de même un décryptage de votre test.

› **Vous avez entre 8 et 12 « réponses chat »** : les qualités félines n'ont pas de secret pour vous. Mais attention à l'excès. À trop ressembler à un chat, on risque de ne plus être très sympa ! Un peu d'observation supplémentaire vous aidera à trouver la juste mesure.

› **Vous avez entre 4 et 8 « réponses chat »** : peut mieux faire ! Il reste des situations dans lesquelles l'observation des chats et de leur comportement peut vous aider à alléger votre quotidien.

› **Vous avez entre 0 et 4 « réponses chat »** : vous vous encombrez souvent d'obligations que vous pourriez éviter. À regarder les chats, vous gagnerez en autonomie et vous saurez mieux affirmer vos désirs profonds.

Vous êtes prêt pour accueillir nos leçons de chat ? En route ! Pour commencer, nous vous proposons un petit tour dans l'histoire des relations entre les hommes et les chats. Une histoire très ancienne et parfois étonnante.

CHAPITRE 1

DES CHATS ET DES HOMMES

Les chats sont des stars ! Nul ne peut en douter aujourd'hui, tant les réseaux sociaux regorgent de vidéos amusantes présentant des chats dans leurs activités quotidiennes : ici un petit montage les montrant en train de dormir dans des postures et des lieux incongrus ; là des chats sursautant en apercevant un concombre (hilarant !) ; là encore des animaux cherchant à effectuer un bond qui dépasse leurs capacités et se « vautrant » lamentablement malgré leurs efforts pour ajuster leur saut... Et tout le monde rit de bon cœur en regardant ces images. Les chats ont gagné leur place dans le paysage des humoristes récurrents.

D'autres célébrités félines jouent sur un registre différent. Le monde entier connaît la figure de *Grumpy cat*, ce gros chat à l'apparence renfrognée. *Grumpy cat* est aujourd'hui une vedette dans le monde entier, et on retrouve sa photo imprimée sur des tee-shirts, des mugs, des coussins, des pyjamas, des chaussettes... Ce gros animal grincheux ne doit pas sa notoriété à ses attitudes, mais simplement à son expression inhabituelle,

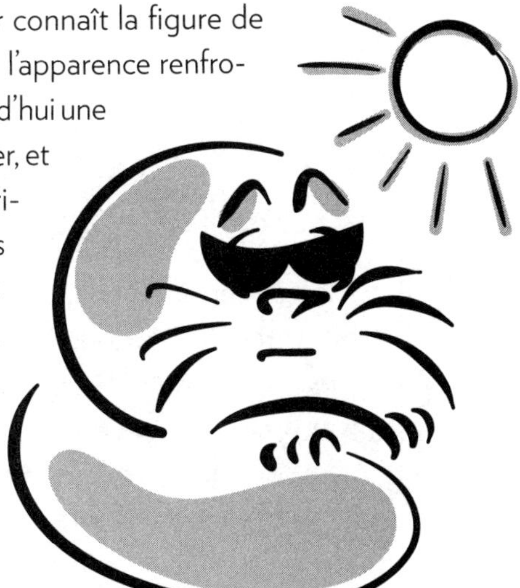

que l'on attribue volontiers à un trait de caractère humain. On a l'impression qu'il boude, qu'il ronchonne intérieurement. Mais les chats ne boudent pas ! Lorsque quelque chose ne leur plaît pas, ils s'en vont. C'est tout ! Ils sont beaucoup plus simples que nous et ne se prennent pas la tête avec ce qui leur apparaît inutile.

Il faut donc se garder de jeter sur les chats un regard trop anthropomorphique. Certes, la tentation est grande d'attribuer à nos compagnons à quatre pattes des traits, des comportements, voire des sentiments comparables aux nôtres. Mais c'est une erreur. D'abord, parce qu'ils ont une personnalité suffisamment intéressante pour ne pas les affubler d'oripeaux humains. Ensuite (et surtout), parce que nous ne pouvons prendre exemple sur eux, leur liberté et leur légèreté d'être, que si nous les observons comme ils sont : des animaux attachants, drôles, parfois enviables, mais radicalement différents de nous.

CHAT DE MODE !

Elle s'appelle *Choupette*. Cette chatte sacrée de Birmanie fait le bonheur de son maître, qui se déclare fou amoureux d'elle. Elle prend ses repas à table, auprès de cet hôte très empressé. Lorsque ce dernier part en voyage (ce qui arrive bien trop souvent au goût de l'animal), il emmène *Choupette*, accompagnée d'une nurse. Toutes deux séjournent dans une chambre particulière, toujours dans un luxueux cinq étoiles. *Choupette* est même une star des podiums, puisqu'elle participe aux défilés et aux séances photo de celui qui l'adule ainsi : le couturier Karl Lagerfeld. N'est-ce pas une vraie vie de star, ça ? Gageons que *Choupette* trouve ces incroyables attentions tout à fait naturelles !

Le rôle ancestral des chats

Aujourd'hui, les recherches en archéozoologie font remonter la domestication animale à environ 15 000 ans av. J.-C. Comme l'explique le chercheur Jean-Denis Vigne* : « *Il y a une dizaine d'années, on pensait encore que la domestication résultait uniquement d'une décision de l'homme. Cette vieille idée est aujourd'hui remise en cause : on considère désormais que le processus de domestication résulte d'une authentique interaction entre l'espèce humaine et certaines espèces animales.* »

Certains animaux se sont ainsi spontanément rapprochés des hommes. Il y a plus de 10 000 ans, en Mésopotamie, les humains toléraient la présence des chats sauvages car ils leur étaient très utiles. Certains d'entre vous sont prêts à bondir : Quoi ? On aurait domestiqué les chats comme on

* Cet archéozoologue, qui officie au Museum national d'Histoire naturelle, est également directeur de recherche au CNRS. Ses propos sont extraits du hors-série du *Nouvel Obs*, consacré aux relations entre l'homme et l'animal, et publié en janvier 2017.

l'a fait de vulgaires poules ou d'obéissants moutons ? Non ! Rassurez-vous… Les chats de ces temps lointains conservaient intactes leurs caractéristiques, à commencer par leur liberté et leur autonomie. Mais ils chassaient déjà les rongeurs, ce qui était fort utile à cette époque où se sont formés les premiers villages, et avec eux les premières réserves de nourriture qui intéressaient diablement les rats, souris et autres mulots.

D'ordinaire, une fois domestiqués, les animaux évoluent dans leur forme physique. Ainsi, le loup devenu chien a changé de vie : il a mangé différemment, il a moins bougé, il a été protégé du stress de la vie sauvage… Et ces transformations ont produit, de génération en génération, des mutations génétiques. Assaisonnez cela d'une pincée de sélection naturelle, et vous obtenez le chien, plus petit que son ancêtre, moins agressif, avec des oreilles tombantes, un museau moins long et un nouveau langage (les loups n'aboient pas). Les chiens ont ainsi perdu leur nature sauvage au point d'accepter l'obéissance, voire la soumission à l'homme.

Les chats ont beaucoup mieux résisté. Sur le plan biologique, ils sont devenus un peu plus petits. C'est tout ! Ils ont conservé leur silhouette athlétique et leur esprit d'indépendance. D'après les chercheurs, cela s'explique par leur faible « plasticité naturelle ». Disons plutôt que les chats n'ont cédé qu'un tout petit pouce de leur nature au contact de l'homme. Forte personnalité oblige !

CHASSEUR PAR NATURE… ET PAR PASSION !

Dans La grande encyclopédie des chats*, on peut lire : « *Le chat est un petit prédateur carnivore dont le corps, ayant évolué au fil des temps, est taillé pour la chasse.* » De fait, malgré l'évolution de son mode de vie au cours des millénaires, il est resté d'une grande souplesse, rapide et agile. Il se glisse par le moindre interstice et sait se tapir sans bruit en attendant sa proie. Un chasseur né !

Le chat serait-il un dieu ?

La popularité des chats ne date pas d'hier. Au fil des siècles, ils ont été adorés ou pris pour modèle dans la création de porte-bonheur. Ils ont aussi constitué ici ou là une viande consommable, ne l'oublions pas. Mais ce qui surnage, lorsque l'on jette un regard panoramique sur l'histoire des relations entre les humains et les chats, c'est tout de même une sorte de fascination.

Celle-ci a connu son apogée dans l'Égypte ancienne. Les chats y ont carrément été déifiés ! Pour être plus précis, il s'agissait des chattes. Les traces de Bastet, déesse de la danse et de la musique, mais aussi divinité protectrice des enfants de Pharaon, remontent à la XIIe dynastie, près de 2 000 ans

* Ouvrage collectif, très complet, paru aux éditions De Borée en 2017.

av. J.-C. Au fil des siècles, le rôle attribué à Bastet s'est élargi : elle est devenue plus largement la protectrice des bébés et des enfants, mais aussi la garante de la fertilité féminine et l'alliée des sages-femmes.

Plus tard, elle s'est carrément muée en déesse du foyer, dont elle garantissait la joie et l'équilibre, et même la divinité non pas du soleil (il ne s'agissait pas de vexer Râ, « roi » des Dieux et personnification de l'astre lui-même !), mais de sa chaleur bienfaitrice. Les chats ont ainsi fini par représenter le confort du logis. Pas si bêtes, les Égyptiens. Car un chat qui ronronne sur vos genoux lorsque vous lisez un bon livre, lové sur votre canapé, constitue une juste représentation de la douceur domestique.

Quel beau rôle pour un chat ! Imaginez : être élevé au rang de dieu. Les chats égyptiens ont dû apprécier. Enfin des humains qui les considéraient à leur juste valeur et leur donnaient la place qu'ils méritaient ! L'apparition de Bastet dans le panthéon égyptien correspond à la période où les chats se sont installés dans ce pays. Il paraît que c'est à cette même époque que les lions y ont disparu ; faut-il y voir une relation de cause à effet ? Impossible à affirmer. Mais les petits félins domestiques y ont été globalement bien traités (on ne se conduit pas mal avec des dieux !), jusqu'à parfois accompagner leur maître dans la tombe. Lorsque leur animal adoré mourait, certains se rasaient les sourcils en signe de deuil. Au musée des antiquités du Caire, on peut voir des momies de chats, soigneusement entourés de bandelettes au même titre que les humains.

Bon ! Ne nous emballons pas : les Égyptiens de l'Antiquité avaient aussi élevé au statut de Dieu les chacals, les ibis, les taureaux... et même les crocodiles. Alors véritable révérence, peur ou fascination ? Nul ne le saura jamais !

DES FÊTES GRANDIOSES

Au cours du premier millénaire av. J.-C., de somptueuses fêtes furent organisées pour honorer Bastet, qu'on la représente sous forme de chat ou de déesse à tête de chat. Une fois par an, des centaines de milliers de personnes se rendaient dans le grand temple de Bubastis, entièrement consacré à Bastet. Processions, musiques, défilés de barques, somptueuses ripailles... rien n'était trop beau pour cette chatte hors du commun.

Porte-bonheur ou porte-malheur ?

Les relations entre hommes et chats n'ont pas toujours été placées sur un tel terrain de vénération et de respect. Au XVe siècle, ces pauvres petits mammifères à quatre pattes sont devenus l'incarnation du Malin. Les chats noirs, notamment, étaient associés aux activités des sorcières et autres magiciennes malfaisantes. Pendant ce « Moyen Âge », qui a duré près de mille ans, les instances officielles de l'Église les ont affublés d'une image d'animal maléfique, doté de pouvoirs démoniaques. Au point qu'en 1233, une bulle papale* a affirmé que les chats noirs étaient les serviteurs du diable.

Il faut dire qu'à l'époque, les femmes accusées de sorcellerie avaient la réputation de se changer en chattes noires au cours de leurs sabbats. Une bien mauvaise image pour ces pauvres félins qui n'y étaient pour rien. Cela n'a pas empêché les pontes de l'église catholique d'intensifier leur chasse aux sorcières et aux chats. Une seconde bulle papale, datant de 1484, a carrément ordonné que les sorcières et leurs chats soient brûlés vifs.

* Une bulle papale (appelée aussi pontificale ou apostolique) est un document officiel par lequel le pape pose un acte juridique. Cela peut concerner la convocation d'un concile ou la canonisation d'un saint. Au Moyen Âge, ce type de document pouvait décréter la diabolisation d'un être humain ou d'un animal.

Lors de la grande peste noire, qui a duré plusieurs décennies au cours du XIVe siècle, les chats ont même été victimes d'une terrible injustice qui a coûté cher à la population. On a attribué la maladie à ces pauvres animaux, alors qu'elle était transmise par les puces des rats. Résultat : on a chassé les chats qui, de moins en moins nombreux, ne parvenaient plus à éliminer suffisamment de rongeurs. La maladie a donc continué à se répandre jusqu'à ce que justice soit rendue à ces pauvres animaux accusés à tort.

Il fallut attendre la Renaissance, et surtout le siècle des Lumières, pour que la chasse aux chats disparaisse complètement. Heureusement, dans d'autres pays, les chats n'ont pas été traités de cette manière. Prenez le Japon. On y voit un peu partout des statuettes porte-bonheur représentant un chat qui agite la patte. On les appelle *Maneki-neko*, littéralement « chat qui invite ». On les voit notamment dans les vitrines et sur les devantures des magasins, où ils sont censés attirer la clientèle lorsqu'ils lèvent la patte gauche, et favoriser l'argent quand ils agitent la droite. Ces chats se déclinent sous toutes les formes : des bibelots, des porte-clés... Leur image est imprimée sur des porte-monnaie, des sacs, des tee-shirts... Le *Maneki-neko* est indissociable de la culture japonaise.

Plusieurs légendes prétendent raconter l'origine du *Maneki-neko*. L'une d'elles est notre préférée. Une vieille femme très pauvre vivait à Imado, un quartier de Tokyo. Un jour qu'elle n'avait plus rien à manger, elle vendit la seule richesse qu'il lui restait : son chat adoré. Dans les jours suivants, son chat lui apparut en rêve. Il levait la patte comme pour la saluer. L'animal lui conseilla de faire une statuette de terre cuite le représentant ainsi, patte en l'air. Elle s'exécuta. Cette effigie féline eut un grand succès et la vieille dame la vendit rapidement. Elle en fit d'autres et d'autres encore… Son petit commerce prit de l'ampleur et la vieille dame devint riche. Depuis, Imado est devenu LE quartier des « chats qui invitent ». On en voit partout !

Ainsi, qu'il porte malheur ou bonheur, le chat est considéré comme un animal doté de pouvoirs extraordinaires que les autres animaux n'ont pas.

UN MALHEUR (IN)ATTENDU

Le mercredi 25 janvier 2017, les principaux membres du parti Les Républicains se retrouvent autour d'une galette des rois traditionnelle. François Fillon participe à la fête, en traînant un peu des pieds, paraît-il, car il n'apprécie pas beaucoup ce genre d'exercice. Mais il a été désigné deux mois plus tôt candidat officiel de ce parti pour les élections présidentielles de 2017, et il doit se montrer. La grande galette est découpée et les invités découvrent avec stupeur les « fèves » qu'elle contient : ce sont des petits chats noirs en porcelaine*. Sans doute est-ce l'effet du hasard si, au même moment, sort l'édition du *Canard enchaîné* qui

* L'information a été tirée du documentaire de Pauline Revenaz, Camille Langlade, Quentin Baulier et Alexandre Bunel, *Qui a tué François Fillon ?*, diffusé sur BFMtv le 3 février 2018.

divulgue le premier volet de ce qu'on devait appeler par la suite le « Penelopegate », une série de révélations qui ont abouti à la défaite du candidat qui était, jusque-là, favori dans les sondages.

Dans la culture populaire...

Impossible de faire le tour de toutes les représentations du chat ! On le trouve dans les contes, dans les dessins animés, dans les films... Le chat botté, par exemple, est un animal d'une grande intelligence, doué de parole. Un meunier avait trois fils. Lorsqu'il mourut, l'aîné hérita du moulin, le second de l'âne et le troisième du chat. Ce dernier fut très déçu mais c'est l'animal qui, après de nombreuses péripéties, finit par faire sa fortune. Un animal rusé et bienfaiteur.

Dans les dessins animés de Walt Disney, les chats sont parfois beaucoup plus antipathiques. Dans *Cendrillon,* le chat de la méchante marâtre porte bien son nom : *Lucifer.* Il chasse les souris et les oiseaux, seuls amis de la pauvre jeune fille reléguée au rang de bonne à tout faire. Dans *La belle et le clochard,* ce sont deux affreux siamois sournois qui en font voir de toutes les couleurs à l'ingénue petite chienne cocker qui finit par s'enfuir pour échapper à leurs mauvais coups. Pas très sympas les chats de Disney, nous vous le disions. Il ne devait pas beaucoup apprécier ces animaux. Allergique aux chats, peut-être ?

Au cinéma, le chat est souvent le compagnon des grands méchants. Dans la série des James Bond, le Spectre, symbole de malveillance absolue, est toujours présenté en train de caresser un chat blanc à longs poils lové sur ses genoux. On ne voit jamais le visage de l'homme, alors que la caméra filme l'animal en gros plan. Avec sa blancheur immaculée et son ronronnement affectueux, ce chat qui devrait évoquer la douceur finit par incarner toute la méchanceté de son maître. Une représentation duelle, qui n'est pas sans justesse. Car le chat est tout de même assez paradoxal. Prenez-le dans un de ses bons moments, et il évoquera la douceur du foyer. Prenez-le lorsqu'il est contrarié, et il incarnera l'agressivité à l'état pur.

La scène préliminaire du *Parrain*, la célèbre trilogie cinématographique de Francis Ford Coppola*, exprime à merveille toutes les contradictions que recèle cet animal. Don Vitto Corleone, parrain de la mafia new-yorkaise incarné par Marlon Brando, reçoit dans son bureau les doléances de ses obligés. Dans une atmosphère claire obscure, crépusculaire, l'homme dégage une puissance presque menaçante. On sent la violence sourdre sous l'apparente affabilité. Personne n'ose bouger et l'on s'adresse à lui avec une révérence inquiète, comme si le moindre mot risquait d'avoir des conséquences terriblement fâcheuses. Assis à son bureau, le Parrain caresse négligemment un chat gris tigré, qui joue avec ses mains pendant qu'il parle. Premier paradoxe. L'homme exige le

* Ces trois films ont été adaptés, du roman éponyme de Mario Puzo, et produits par Paramount. *Le Parrain* est sorti en salle en 1972, *Le Parrain II* en 1974, et *Le Parrain III* en 1990.

respect des personnes qui viennent le consulter, mais le chat est totalement étranger à cette injonction. Il est dans sa réalité, imperméable à ce qui se passe autour de lui. Il joue, et cela semble le combler. Puis Don Corleone se lève et pose son chat sur le grand bureau qui se trouve entre lui et ses quémandeurs, tel un *no man's land* infranchissable séparant le seigneur de ses vassaux. Et le chat s'étale voluptueusement sur ce territoire symbolique, comme pour faire un pied-de-nez aux visiteurs. Il est dans le bureau de son maître et il a tous les droits, alors que les autres n'en ont aucun face au grand chef tout-puissant !

DES CHATS QUI FONT DES BULLES

Les chats doués de parole font le bonheur des auteurs de bandes dessinées. Celui croqué par le belge Philippe Geluck se présente toujours en costume-cravate. Avec l'aplomb d'un philosophe, il débite ses drôles de vérités. Par exemple : « *Être vieux, c'est être jeune depuis plus longtemps que les autres.* » CQFD !

Le Chat du rabbin, créé par Joan Sfar dans la bande dessinée éponyme, a avalé un perroquet. Depuis ce

→

jour, il ne cesse de bavarder. Il remet tout en question, tout le temps, jusqu'aux fondements de la religion de son maître. Un parfait porte-parole qui permet à l'auteur de poser toutes les questions qui dérangent.

Lorsqu'on leur permet ainsi de s'exprimer à notre place, les chats deviennent de parfaits paravents derrière lesquels nous pouvons nous cacher pour proférer incognito les propos les plus « socialement incorrects » !

Des exemples à la pelle !

Nous pourrions multiplier les exemples à l'envi. Les chats ont toujours inspiré les créateurs, plus que n'importe quel animal. La peintre argentine Leonor Fini s'est même fait une spécialité des portraits de chats.

Balzac a fait de cet animal le personnage principal d'une de ses nouvelles : *Peines de cœur d'une chatte anglaise**. Cette chatte, qui a grandi dans une maison bourgeoise aux règles très strictes, a appris les interdits propres à ce milieu au XIXe siècle. Mais elle ne supporte pas la contrainte (on s'en serait douté !) et elle déprime. Elle est recueillie par une jeune

* À l'origine publiée dans le recueil intitulé *Scènes de la vie privée et publique des animaux*, cette nouvelle a ensuite été rééditée seule, comme un court roman, notamment par les éditions Flammarion poche (2005). Le texte a fait l'objet d'une adaptation au théâtre en 1977, sous la houlette d'Alfredo Arias.

fille beaucoup moins exigeante, qui lui prodigue les caresses dont elle manquait. Pourtant, après avoir pris le temps de savourer ce nouveau statut, *Beauty* (c'est son nom) rencontre un chat de gouttière, libre et dragueur, qu'elle suit pour s'encanailler dans les rues de Paris. Liberté, liberté chérie ! Même l'amour et les câlins ne peuvent pas grand-chose face à ce désir si puissant. On pense à la belle *Duchesse*, personnage principal du dessin animé *Les Aristochats*[*]. Elle s'éprend du vulgaire *O'Maley*, un chat des rues au grand cœur qui la sauve de ses problèmes et lui fait découvrir la vie, la vraie. La vie libre sur les toits de Paris.

Tout le monde connaît l'amour infini que Colette portait à ces animaux, comme Jean Cocteau, Victor Hugo ou Winston Churchill (parmi beaucoup d'autres). Mais certains chats ont dû conquérir leur place à coups de dent et de griffe, au point d'être devenus des « institutions ». Dans la résidence du Premier ministre britannique, à Londres, les chats font officiellement partie du personnel. Leur rôle : chasser les souris, bien sûr ! « *Si les locataires du 10 Downing street changent souvent, les chasseurs de souris demeurent* » écrit Anne Davis[**]. Lorsque Tony Blair devint Premier ministre en 1997, la présence de ce chat faillit pourtant provoquer une crise institutionnelle. Cherie, son épouse, émit rapidement des réserves quant à la présence de l'animal qu'elle trouvait « allergisant et manquant d'hygiène » pour ses jeunes enfants. Tollé général dans la population londonienne. Au point que le cabinet de Tony

* Film d'animation produit et réalisé par les studios Walt Disney, sorti en salles en 1970.

** Dans son livre *Drôles de chats*, publié par les éditions Bartillat en 2017.

Blair dut publier un communiqué officiel affirmant que le chat *Humprey* faisait bien partie de la maison et qu'il y resterait.

Cette fonction « officielle » des chats trouve son point d'orgue en Russie, dans les sous-sols du musée de l'Hermitage à Saint-Pétersbourg. Plusieurs millions d'œuvres y sont remisées, livrées aux grignotages des rongeurs. La présence de chats y est donc plus que bienvenue. Carrément indispensable ! C'est l'impératrice Catherine II qui attribua aux chats du musée le statut officiel de gardes impériaux. Depuis, l'accueil des chats est parfaitement organisé au palais. « *Une clinique y a été installée, avec un vétérinaire à plein temps* » souligne Anne Davis. « *Les nouveaux arrivants y sont vaccinés, les malades ou les blessés soignés.* » Ils sont aujourd'hui 70 à vivre dans les réserves. Les employés du musée organisent même chaque année une fête qui leur est consacrée. Chaque 28 mars, une collecte permet de récolter des fonds pour améliorer l'ordinaire de ces matous travailleurs.

DES CHATS MILITAIRES DE CARRIÈRE

Dans les navires militaires, les chats sont bien accueillis à condition qu'ils chassent les souris (encore et toujours). La Royal Navy britannique ne fait pas exception. Jusqu'en 1975, le HMS Pembroke abrita un chat tigré membre à part entière de l'équipage. Il répondait au nom de *Charlie*, disposait d'un passeport officiel et recevait un salaire versé par le ministère de la Défense. À sa mort, il paraît qu'il fut inhumé avec les honneurs militaires. Rien que ça !

Impossible de clore cette exposition sans dire un mot des Pokémons. Deux générations au moins ont grandi entourées de ces petits animaux bizarres dont l'effigie était imprimée sur des cartes que l'on s'échangeait dans les cours de récréation. Les chats ne pouvaient pas être absents de cet étrange bestiaire. Une fois encore, ils tirent la couverture à eux. *Miaouss*, par exemple, est l'un des seuls animaux de la saga à savoir parler. Il raisonne comme un humain, au point parfois de ne même plus se considérer comme un Pokémon. *Mew*, de son côté, ressemble à un petit chaton rose et pelé. Intelligent et curieux, il passe sa vie à jouer. Un vrai chat, celui-là ! Certains ont été inspirés par leurs chattitudes au point de créer un nouveau jeu* (une sorte de *Pokemon Bis*) dans lequel tous les animaux sont des chats. Un bel hommage !

* Le jeu s'appelle *CryptoKitties*.

Vous le voyez, les chats savent se montrer utiles lorsque c'est nécessaire, charmants lorsqu'ils le désirent, doux s'ils ont envie, espiègles si le cœur leur en dit... Et ce, sans jamais céder un pouce de leur liberté. Comment parviennent-ils à être tout cela à la fois ? Comment peuvent-ils réaliser cet exploit qui consiste à inspirer en permanence notre intérêt, notre affection, notre indulgence, notre dévouement et même notre créativité ? Que se passe-t-il donc dans leur tête pour qu'ils parviennent à de telles prouesses ? C'est ce que nous allons tenter de découvrir maintenant...

CHAPITRE

2

CE QUE L'ON SAIT VRAIMENT DES CHATS, DE LEUR COMPORTEMENT, DE LEURS PENSÉES...

Comment notre *Polo* s'organisait-elle intérieurement pour mener à bien ses campagnes de « filage de bas » ? Pourquoi notre gros *Squatt* nous a-t-il choisis ? Que s'est-il passé dans la tête de la petite *Looney* lorsque nous sommes intervenus dans sa jeune vie sauvage ? Nous sommes certaines que vous vous êtes déjà posé ce type de question à propos de votre *Minette,* votre *Fripouille,* votre *Rex* (un de nos amis a trouvé amusant d'affubler son chat de ce nom très canin !), votre *Merlin* (c'est le nom du chat de Norman...* Mais si, rappelez-vous, le gars qui « fait des vidéos » et y fait souvent tourner son chat)... Y répondre, pour autant que nous connaissions vraiment le monde intérieur des chats, cela permet de faire un premier pas vers la compréhension des « leçons de chat » qui vont suivre.

Vous croyez que nous sommes les seuls, nous pauvres humains lambda qui nous prenons pour leurs maîtres et ne sommes que leurs esclaves, à nous poser cette épineuse question : que se passe-t-il dans la tête des chats ? Détrompez-vous ! Ces animaux n'ont pas seulement inspiré les artistes. Les scientifiques ont aussi cherché à percer leur mystère. Et cela débouche parfois sur des travaux très cocasses.

* *Norman fait des vidéos* est le nom de sa chaîne sur YouTube, qui compte plusieurs millions d'abonnés.

Quelques études plutôt rigolotes

Les scientifiques se posent parfois des questions étonnantes. L'une d'elles a particulièrement retenu notre attention (et libéré nos éclats de rire !) : « Le chat est-il solide ou liquide ? » Vous ne rêvez pas ! Un chercheur doté d'un pedigree long comme le bras s'est penché sur le sujet avec toute la rigueur requise par la science. On se dit, en lisant l'intitulé de l'étude, que les savants doivent parfois avoir besoin d'une petite soupape pour faire tomber la pression, comme celle qui tourne sur une Cocotte-Minute pour laisser s'échapper la vapeur. Ils ont bien le droit de s'amuser un peu, après tout ! Et comme chacun d'entre nous, ils le font avec les outils dont ils disposent, ceux-là même qu'ils mettent en œuvre dans leurs recherches fondamentales.

Personne ne sait ce qui a conduit Jacques-Antoine Fardin, physicien au CNRS*, à se poser cette question baroque. Sans doute avait-il vu sur Internet ces vidéos montrant des chats se coulant dans toutes sortes de contenants. Le spectacle est d'autant plus drôle que le contenant est petit. Mais le chat persiste et essaie d'entrer tout entier dans un petit carton ou, plus drôle encore, dans un bocal à poisson vide où il semble prendre la forme du récipient. Voilà donc notre physicien décidé à expliquer ce phénomène, autrement que par l'extraordinaire souplesse du chat et son incroyable agilité**.

* Ce chercheur travaille à l'Institut Jacques Monod et son étude a été publiée dans le très sérieux *Rheology Bulletin*. La rhéologie est « l'étude de la déformation et de l'écoulement de la matière sous l'effet d'une contrainte appliquée ».

** Cette étude a été officiellement publiée en 2014.

Rappelez-vous vos cours de SVT à l'école. Nous y avons tous appris qu'un liquide prend la forme du contenant dans lequel il est placé, alors qu'un solide conserve la sienne. Pas si bête, finalement, la question du physicien lorsqu'on l'aborde de cette manière. Il poursuit son raisonnement : plus un liquide est visqueux et épais, plus il met de temps à prendre la forme du récipient dans lequel on le verse. L'eau le fera instantanément, alors que le miel mettra plusieurs secondes pour y parvenir. On appelle cela le « temps de relaxation ». Le scientifique a employé des outils très sérieux pour répondre à sa question, comme le nombre de Déborah habituellement utilisé pour déterminer le rapport entre le « temps de relaxation » d'un matériau et le temps nécessaire pour mener à bien l'expérience.

Résultat : impossible de savoir combien de temps il faudrait au chat pour devenir vraiment liquide (en dépit de son don inné pour la relaxation !). Malgré cette conclusion peu satisfaisante, Jacques-Antoine Fardin a obtenu en 2017 le prix IgNobel, une récompense parodique couronnant chaque année dix recherches insolites qui portent d'abord à rire avant de faire réfléchir. C'est dit : les chats nous font souvent rire, mais à les observer, nous finissons par faire fonctionner nos petites cellules grises !

De leur côté, des scientifiques japonais se sont interrogés sur le niveau réel d'intelligence des chats*. Ces chercheurs en psychologie de l'Université de Kyoto ont ainsi montré que les chats comprennent les lois de la physique, même si c'est de manière rudimentaire. Ils ont fait jouer trente chats avec des boîtes soit vides, soit contenant des billes. Le but était d'évaluer leur capacité à établir des relations de cause à effet (par exemple entre le bruit des billes et leur présence réelle dans la boîte) ou la compréhension des animaux par rapport à la gravité (lorsqu'une bille tombe au sol). Le prochain Einstein pourrait donc être félin ? Pas si vite... Car une partie de la communauté scientifique relève des biais dans l'étude et une analyse anthropomorphique des résultats. Mais les chercheurs japonais n'en démordent pas : les chats comprennent !

Cela ne nous fait pas beaucoup avancer. Mais avouez que les chercheurs les plus sérieux ont parfois de l'humour. Heureusement, d'autres ont étudié les chats de manière plus efficace.

* Leur étude a été publiée en juin dans la revue *Animal cognition*.

DES CHATS ET DES CONCOMBRES

Elles ont fait hurler de rire des millions de personnes dans le monde entier, ces images de chats sursautant en apercevant un concombre derrière eux. Vous allez être déçu : les concombres n'y sont pour rien ! On aurait placé derrière eux une courgette, une banane, un étui à lunettes ou un sex-toy, le résultat aurait été le même. La cause de cette réaction parfois violente (c'est le plus drôle !) est à chercher dans deux directions. D'abord, l'extrême capacité de concentration des chats sur ce qu'ils sont en train de faire. Un chat qui mange est tout entier focalisé sur son activité de l'instant. Si vous posez très discrètement quelque chose derrière lui, il sursautera de surprise en se retournant. Ensuite, un chat lambda a rarement l'occasion de se retrouver nez à nez avec un concombre. On comprend l'intensité de sa surprise, voire l'agressivité de sa réponse.

C'est du moins ce qu'affirme le Dr Roger Mugford, un chercheur britannique en comportement animal*, qui affirme : « *La réaction observée est due à la nouveauté et à la surprise de trouver un objet insolite secrètement placé derrière lui, alors que le chat avait la tête baissée dans son bol alimentaire.* » Quelle déception !

* Interrogé dans le *Telegraph*, propos repris sur le site *Science et avenir* en novembre 2015.

L'intelligence des chats

Plus sérieusement, tous les amoureux des chats ont un jour essayé d'imaginer ce qui se passait dans la tête de leur animal préféré. Rappelons-le : le chat possède un tout petit cerveau, mais celui-ci renferme environ 300 millions de neurones. Dans la boîte crânienne d'un petit chien de taille équivalente, il n'y en a que 160 millions. Le chat dispose d'un réseau d'échange informationnel beaucoup plus fourni. Il serait donc potentiellement plus intelligent.

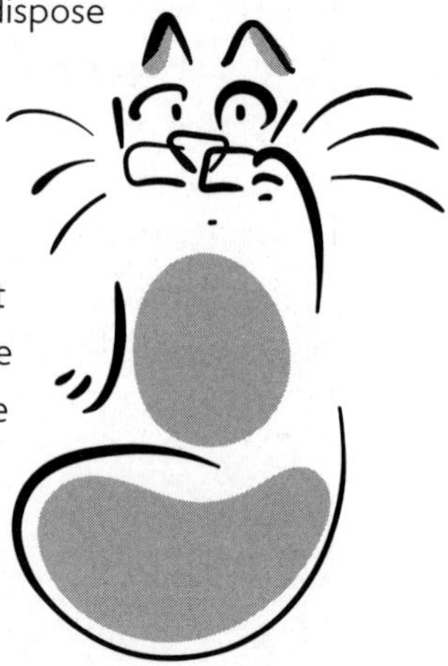

Les propriétaires de chiens opposent à cela deux arguments. D'abord, le cerveau des chiens évolue sans cesse depuis la domestication de l'animal, alors que celui des chats est étonnamment stable (tout comme sa forme biologique, d'ailleurs !). Ensuite, les chiens sont capables d'apprendre ce que les humains désirent leur enseigner, contrairement aux chats qui n'intègrent que les informations qui les intéressent. C'est vrai ! Comme disait en substance Jean Cocteau : « *Je préfère les chats aux chiens car il n'y a pas de chats policiers* ». Mais cela relève peut-être d'une forme d'intelligence différente, moins soumise au désir de l'autre ? Du coup, les chiens sont plus utiles à la société. Il existe des chiens d'avalanche, des chiens d'aveugles, des chiens pisteurs d'explosifs... autant de « métiers » inconnus des chats. Mais les petits félins domestiques ont sans doute autre chose à nous offrir.

C'est que, si l'on en croit le vétérinaire psychologue Joël Dehasse*, le chat n'a pas de maître « *dans le sens où il ne veut être l'esclave de personne, mais aussi dans le sens où il n'est pas du tout intéressé par les techniques éducatives. Au contraire du chien, le chat ne vit pas du tout de manière hiérarchique* ». Nous vous le répétons depuis le début de ce livre : le chat est comme Diego**, « libre dans sa tête ». À l'inverse, nous, humains, vivons en permanence dans un ordre hiérarchique : parents et enfants, enseignants et élèves, enfants sages et enfants turbulents, patrons et employés, personnes qui réussissent professionnellement et individus qui échouent... Cette hiérarchie omniprésente est à l'origine de bien des malaises personnels. C'est l'une des principales leçons que peuvent nous donner les chats. Sans pour autant qu'ils nous soient supérieurs sur le plan hiérarchique, bien sûr !

Le débat millénaire sur l'intellect des chiens et des chats est loin d'être clos. Au lieu de nous perdre dans ses méandres, concentrons-nous plutôt sur la véritable intelligence des chats. C'est dans la richesse de leur sensorialité qu'ils puisent leur capacité sinon à réfléchir, du moins à « penser leur monde ». Le *Larousse* définit la fonction sensorielle comme « *ce qui se rapporte aux organes des sens, aux structures nerveuses qu'ils mettent en jeu et aux messages qu'ils véhiculent* ». Cette définition s'adapte parfaitement à la communication des chats et

* Il est l'auteur de *Tout sur la psychologie du chat*, paru aux éditions Odile Jacob en 2008. Ces propos sont extraits d'une interview publiée sur le site ouest-France.fr le 8 août 2016.

** Référence à la chanson écrite par Michel Berger pour son épouse France Gall, reprise ensuite par Johnny Hallyday. Elle évoque la liberté intérieure qui permet de se protéger contre la solitude de l'incarcération.

aux messages qu'ils peuvent échanger, ceux-ci pouvant être visuels, olfactifs, auditifs ou tactiles.

Les signaux de communication émis par les chats leur permettent avant tout d'organiser et de défendre leurs territoires. Car le chat est une espèce territoriale. Il est très attaché à l'espace dans lequel il vit, ce qui a fait dire à certains que le chien était lié à ses maîtres et le chat à sa maison. C'est aller un peu vite en besogne, car les chats savent aussi parcourir des centaines de kilomètres pour retrouver leur maître. Enfin... lorsqu'ils en ont vraiment envie ! Quoi qu'il en soit, une fois qu'il a adopté son domaine vital, le chat le parcourt, le marque et le défend vis-à-vis des autres. Parmi ces « autres », il y a les chats visiteurs, bien sûr, ainsi que les autres animaux du voisinage. Mais il y a aussi... nous ! Tout maître, hôte, propriétaire que nous pensions être, nous devons absolument respecter ses différents territoires car ce sont des éléments fondamentaux de son organisation de vie : son champ d'activité où il joue, chasse et reçoit vos câlins ; son champ d'isolement où il se repose, dort ou se réfugie lorsqu'on l'embête... Toutes les zones qu'il a ainsi « élues », vous êtes prié de les respecter ! Et comme cet animal ne fait jamais les choses de manière à nous faciliter la vie, il fait varier ses territoires au gré de ses envies. Il ne nous reste qu'une solution : considérer toute la maison comme étant « chez lui ». C'est la seule manière de ne pas se tromper.

ROME, VILLE IMPÉRIALE... DES CHATS !

On les nomme « chats harets », ces chats qui sont retournés à l'état sauvage après avoir été domestiqués. Tous ceux qui ont déjà visité Rome ont vu des chats se faufiler entre les ruines du forum ou se prélasser au soleil aux abords du Colisée. On compte que la ville abrite environ 300 000 chats, la colonie la plus importante étant située à *Largo du Torre Argentina*, là où se trouvaient dans l'Antiquité les marches de la Curie de Pompée où Jules César fut assassiné. Plusieurs centaines de chats déambulent négligemment au milieu des vestiges, attendant d'être nourris par les habitants de la capitale italienne qui en prennent grand soin.

Cette colonie féline est tout ce qu'il y a de plus officielle, au point que les autorités de la ville la reconnaît comme faisant partie du patrimoine bio-culturel de Rome. Et gare à qui s'aviserait de les maltraiter, quand bien même il s'agirait d'archéologue en pleine campagne de fouilles !

Quand les chats communiquent

Les aptitudes sensorielles des chats lui permettent d'être, malgré tout, un être de communication. Avec ses semblables, il utilise assez peu sa voix. Il préfère en général avoir recours à ses autres outils sensoriels. Il privilégie alors la communication olfactive : il dépose son odeur pour marquer ses différents territoires, avertir les chats de l'autre sexe qu'il est disponible pour la copulation... Mais les humains ballots que nous sommes n'y comprennent pas grand-chose.

Par exemple, lorsque votre chat se frotte contre vous, vous imaginez immédiatement qu'il a envie de câlins. Pas toujours ! Il cherche souvent à déposer son odeur sur vous, comme il le fait pour tout ce qui envahit son territoire. En fait, comment dire... Vous êtes une sorte de meuble dans son espace vital, et vous lui appartenez au même titre que son fauteuil préféré près de la porte-fenêtre. Pire encore, lorsqu'il se lèche ostensiblement, encore et encore, après que vous l'avez caressé, ce n'est ni pour se laver ni pour se faire beau. C'est juste pour se débarrasser de votre odeur, celle que vos mains ont déposée sur lui et qu'il n'apprécie pas vraiment. Bref : en matière d'odeur, nous avons tout faux ! Alors, le chat préfère nous montrer ce qu'il pense par ses postures corporelles et ses mimiques faciales.

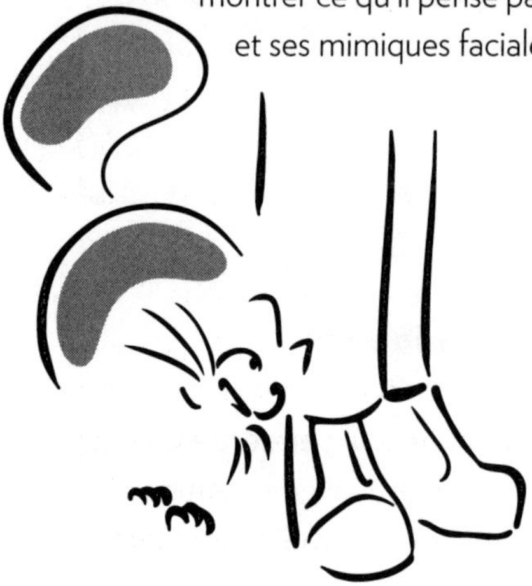

Lorsqu'il est en colère, une crête se dresse sur son dos, sa queue gonfle, il soulève ses babines dans une expression agressive. Vis-à-vis des autres chats, il ne le fait qu'après avoir envoyé des messages olfactifs, comme pour bien marteler ce qu'il veut exprimer. Avec nous, il s'exprime différemment. Il nous envoie ces messages visuels d'entrée, mais de manière atténuée. Il soulève son arrière-train en étendant ses pattes avant, il abaisse ses moustaches, il découvre ses dents... Éventuellement, il se tapit au sol et plaque ses oreilles sur les côtés... Cela signifie clairement qu'il en a assez. Assez de quoi ? À vous de savoir ! Vous pouvez faire un effort tout de même... Il peut même basculer sur le dos en présentant son ventre. Vous pensez qu'il a envie de se faire grattouiller la panse ? Pas si sûr ! Si, en même temps, il sort les griffes et découvre ses dents, vous risquez fort de vous laisser berner par cette expression qui a tout d'un « faux ami », comme le disaient nos professeurs d'anglais à propos des mots qui se ressemblent dans les deux langues, mais ont un sens totalement différents dans l'une et l'autre. À ce moment-là, il vaut mieux respecter sa mauvaise humeur et lui ficher la paix.

D'ailleurs, comme il est grand et magnanime, le chat nous fait parfois l'honneur de s'adresser à nous de manière orale. Même s'il ne « parle » que quand il a quelque chose à dire (contrairement à certains humains !), il sait le faire avec une infinité de modalités que nous ne décryptons pas toujours. Quand il ronronne, par exemple, on se dit qu'il est content. C'est la seule signification que nous donnons à cette vibration si apaisante à nos oreilles. Pourtant, selon sa tonalité (les différences sont difficilement accessibles à notre audition très limitée), le ronronnement peut aussi signaler qu'il fait face à une situation stressante. Comment voulez-vous qu'on s'y retrouve ?

Lorsqu'il devient agressif, le chat émet des feulements. Il gronde, claque des dents, parfois crache... Là, le sens du message est clair : assez ou je vais finir par devenir méchant ! Il sait même émettre des sortes de vocalises parfaitement adaptées à chaque situation. Une étude a montré que le matin, lorsque votre chat émet des petits miaulements très aigus pour vous réveiller car il réclame sa pâtée, il se cale sur la fréquence habituelle des cris de bébés. Serait-ce histoire de réveiller votre fibre parentale ? C'est bien tenté, mais ça ne fonctionne pas toujours, surtout le week-end quand vous espérez pouvoir enfin faire une grasse matinée. Une chose est sûre : votre chat vous communique un vaste éventail d'informations, que vous ne comprenez pas toujours. Un peu d'attention s'impose...

Si les nigauds que nous sommes ont souvent du mal à comprendre les chats, eux nous déchiffrent mieux qu'on ne l'imagine. Une étude* de l'Université d'Oakland, en Californie, affirme qu'ils décryptent nos expressions faciales et savent y adapter leur comportement. Les chercheurs ont observé 12 chats en compagnie de leurs propriétaires. Ceux-ci devaient tour à tour sourire ou faire une moue renfrognée. Dans le premier cas, les chats ronronnaient, se frottaient contre leurs

* L'étude, menée par Morgan Galvan et Jennifer Vonk, a été publiée dans la revue *Animal cognition* en 2015.

jambes ou essayaient de se coucher sur leurs genoux. Dans le second, ils se mettaient en retrait. Mieux : l'expérience a été répétée avec des personnes que les chats ne connaissaient pas, et les résultats ont été identiques.

Selon une équipe de chercheurs japonais*, les chats ont même de la mémoire. Passons les détails de la procédure expérimentale assez complexe, et sautons directement à la conclusion : ces animaux peuvent se rappeler un événement passé et le replacer dans son contexte afin d'agir en conséquence. Voilà qui contredit l'idée reçue selon laquelle on ne peut pas dresser les chats à cause de leur incapacité à intégrer des informations et à s'en souvenir. D'ailleurs, les chats apprennent bel et bien, mais seulement lorsque le sujet les intéresse. Ils sont nombreux à savoir, par exemple, ouvrir les portes en sautant pour en actionner la poignée. Les chercheurs en comportement animal

* Ceux-là même qui ont publié l'étude affirmant que « les chats comprennent les lois de la physique » (voir p. 54). L'étude a été publiée en 2017 dans la revue *Behavioural Processes*.

parlent d'« apprentissage par imitation ». Le chat a vu faire les humains et il a procédé de la même manière. C'est tout ! Quand allons-nous enfin nous mettre dans la tête cette loi fondamentale de la vie féline : le chat ne fait que ce qu'il désire ? Ce n'est pas si compliqué tout de même...

LE CHAT « CARESSÉ-MORDEUR »

Il arrive que le chat vienne se blottir contre son maître comme s'il désirait être caressé, mais qu'il refuse toute tentative de câlin au point que si l'on insiste, l'animal finit par donner un coup de griffe. Dans ces moments-là, on a l'impression qu'il ne sait pas ce qu'il veut. Erreur ! Les chats savent toujours ce qu'ils veulent. C'est même ce qu'ils savent le mieux.

Cette contradiction comportementale n'est qu'apparente. Avant de griffer ou de mordre, l'animal a envoyé à son maître des signaux lui demandant d'arrêter : il a arrêté de ronronner ; il a reculé et basculé ses oreilles en arrière ; le diamètre de ses pupilles s'est modifié ; il s'est mis à battre de la queue ; il a léché la main tendue ou l'a repoussée avec une patte... Tout cela pour signifier son véritable désir : se protéger contre l'anxiété générée par ce qu'il considère comme une menace, à commencer par le contact de vos mains si le moment ne lui semble pas approprié. C'est le « syndrome du chat caressé-mordeur ».

Ce que les chats pensent vraiment de nous...

Reste à savoir comment ces animaux, doués d'une forme d'intelligence et capables de communiquer, nous considèrent. Tenez bon la rampe : vous allez être étonné et sans doute déçu.

D'un côté, ils semblent apprécier notre compagnie. C'est ce que montre une étude effectuée par trois chercheuses américaines*. Elles ont placé une trentaine de chats dans une pièce, où leur étaient proposées plusieurs sollicitations : de la nourriture, un jouet, une odeur ou un humain avec lequel les animaux pouvaient interagir. Plus de la moitié des félins ont préféré l'humain, avec lequel ils sont allés jouer ou se faire câliner. L'expérience a été répétée plusieurs fois avec toujours les mêmes résultats. Cela signifie-t-il qu'ils nous apprécient en tant qu'espèce, ou simplement que les interactions avec les humains sont plus amusantes et variées ? Difficile à dire ! Peut-être cette préférence tient-elle surtout de l'utilitarisme ?

Une plaisanterie circule depuis quelques mois sur Internet : quand vous donnez à manger à un chien, il se dit : « *Cet homme est mon Dieu !* » ; quand vous donnez à manger à un chat, il se dit : « *Je dois être son Dieu* ! » Peut-être cette blague n'est-elle pas si éloignée de la réalité. Car d'autres comportementalistes animaliers affirment que les chats, même s'ils nous aiment bien, nous considèrent comme des gros félins un peu balourds, maladroits et idiots. Ces chercheurs se fondent sur le fait que les chats ne changent pas de comportement

* L'étude est publiée dans *Behavioural Processes.*

et d'attitudes, qu'ils interagissent avec nous ou avec leurs congénères. Nous ne serions donc pour eux qu'un animal de la même espèce, mais beaucoup moins futé. Nous ne savons pas chasser nos proies, nous sommes maladroits dans nos gestes (nous trébuchons en marchant, par exemple, alors que lui ne le fait jamais), nous sommes incapables de mesurer la juste valeur des trophées qu'ils nous ramènent (ah ! le plaisir de poser le pied, au réveil, sur un cadavre de souris à moitié dévoré que ce cher matou a déposé sur la carpette pendant la nuit pour nous faire plaisir !)...

C'est que le chat reste toute sa vie un félin sauvage dans un petit coin de sa tête. Une équipe de chercheurs de l'université d'Édimbourg, en Écosse, en association avec le département de conservation du zoo du Bronx, à New York, a comparé les caractéristiques du chat domestique avec celles de félins sauvages, comme le léopard des neiges ou la panthère nébuleuse*. Résultats : nos braves petits minous sont restés très proches de leurs cousins sauvages, notamment au niveau de l'agressivité et du besoin de domination.

Bon ! Ils n'ont pas envie pour autant de nous tordre le cou ! Mais il n'y a pas à gratter beaucoup pour que la nature sauvage des matous les plus pacifiques se fasse sentir. D'autant que selon Daniel Mills, professeur de médecine vétérinaire à l'Université de Lincoln, au Royaume-Uni, nous ne les rassurons

* L'étude a été menée par Marieke Gartner, et publiée dans le *Journal of Comparative Psychology* en 2014.

pas beaucoup. Leur sentiment intérieur de sécurité ne doit rien à notre présence.

Au bout du compte, une chose semble se confirmer : si nos chers minous restent avec nous, ce n'est pas parce que nous leur sommes utiles. Certes, nous remplissons leur gamelle et leur offrons lits et fauteuils où ils peuvent se prélasser tranquillement. Mais c'est bien peu en comparaison du cadeau qu'ils nous font avec leur simple présence !

LES CHATS SONT TOUT DE MÊME NÉVROSÉS !

Il semble bien que les chats puissent être névrosés. Mais c'est à notre contact qu'ils développent ce stress parfois intense, tiraillés qu'ils sont entre les reliquats de leur nature sauvage et notre attitude incompréhensible (à leurs yeux) vis-à-vis d'eux. C'est ce qui explique qu'ils soient parfois porteurs de maladies psychosomatiques : ils perdent leurs poils, ont de l'eczéma ou des inflammations urinaires... Le traitement passe alors par les anxiolytiques, voire un petit tour chez le comportementaliste. Comme nous, finalement !

Il ressort de cette mise au point quelques éléments majeurs que nous martelons depuis les premières pages de ce livre. Le chat est libre. Il n'a pas besoin de nous. Il se vit comme dominant vis-à-vis des humains. Il dispose d'une confiance en lui solide. Il a peu d'états d'âme et ne se pose jamais de questions inutiles (et pour cause !)... Autant de caractéristiques dans lesquelles nous pouvons puiser quelques leçons de vie, histoire de trouver les bonnes chattitudes qui permettent de se couler tranquillement dans les situations contrariantes du quotidien.

CHAPITRE 3

14 LEÇONS DE CHAT POUR MIEUX VIVRE AU QUOTIDIEN

Nous y voilà ! L'heure est venue de mettre en pratique tout ce que vous venez d'apprendre sur les bienheureux petits félins qui nous font la grâce de nous abriter chez eux. Nous avons sélectionné quatorze situations quotidiennes dans lesquelles une « bonne chattitude » peut se révéler d'une grande aide. À vous de jouer...

Je veux qu'on me fiche la paix !

Nous sommes sollicités en permanence par des messages qui nous bombardent de toutes parts : les infos omniprésentes, les réseaux sociaux dévorants, les pubs parfois agressantes... Tout cela s'ajoute à ce qui fait le tissu de notre existence : les

enfants qui se chamaillent à la maison, les collègues de bureau qui ne sont pas d'accord sur la manière de traiter un dossier, la proximité dans les transports en commun, la nervosité au volant... Stop ! Parfois, la coupe est pleine et nous aurions besoin de nous mettre à l'abri, le temps de nous ressourcer.

Mais nous avons souvent du mal à nous autoriser cet « espace intime » où nous pourrions recharger nos batteries dans le calme et le silence. Certes, certains savent se retirer à l'intérieur d'eux-mêmes n'importe où, n'importe quand... Ceux-là ne connaissent pas ce problème car ils sont comme des chats. Ah ! Les bienheureux...

Comme l'écrivait déjà Marc-Aurèle, l'empereur romain philosophe, au IIe siècle de notre ère : « *On se cherche des retraites à la campagne, sur les plages, dans les montagnes. Et toi-même, tu as coutume de désirer ardemment ces lieux d'isolement. Mais tout cela est de la plus vulgaire opinion, puisque tu peux, à l'heure que tu veux, te retirer en toi-même.* » Nos atermoiements seraient donc « vulgaires », alors que le comportement naturel des chats est d'une grande sagesse et d'une élégance certaine. Chat : 1, Humain : 0. Fin du premier round.

Et il a raison, le chat ! Il ne s'encombre pas de projections fantasmatiques du genre : « Si je prends un moment pour moi, je le "volerai" à mes enfants, à mon équipe de travail, à ma vie de couple... » Quand ce n'est pas : « Si je pense trop à moi, les autres ne m'aimeront plus et je me retrouverai seul(e). » Pourtant, est-ce que vous l'aimez moins votre chat lorsqu'il échappe à vos caresses, qu'il avait l'air d'apprécier quelques secondes plus tôt, pour s'évader dans un lieu où vous n'avez pas votre place ? Pas du tout ! C'est même ce que nous, humains, respectons chez le chat : cette indépendance, cette indifférence passagère… Car c'est précisément ce qui nous manque.

Vous vous reconnaissez dans ces lignes ? Alors offrez-vous juste une minute de pause (ce n'est pas beaucoup, avouez…) et regardez votre chat. Que voyez-vous ? Un animal qui vient vers vous lorsqu'il le désire et qui s'éloigne quand ça lui fait plaisir. Un être vivant qui ne se préoccupe pas de grand-chose hormis lui-même. Certes, ce n'est pas forcément une solution à long terme (on ne va pas vous apprendre à devenir égocentrique, tout de même !). Mais c'est, à coup sûr, une excellente boussole…

Dans la vie de votre chat…

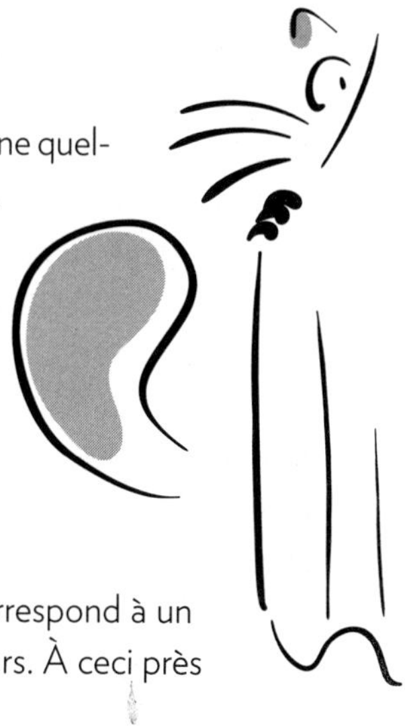

Avez-vous déjà vu un chat s'infliger une quelconque contrainte ? Non, bien sûr. Lorsqu'il a besoin de prendre du recul, lorsqu'il désire qu'on lui fiche la paix, le chat n'y va pas par quatre chemins. Il fait ce qu'il lui plaît, un point c'est tout. Et peu importe que vous l'appréciiez ou non.

Chez lui, cette « mise à l'écart » correspond à un besoin vital. Chez vous aussi d'ailleurs. À ceci près que lui, il le sait. Lorsqu'il veut avoir la paix, il va volontiers se cacher dans un lieu dont vous ne soupçonnez même pas l'existence : au fond d'un placard, sous un lit… Pour éviter toute interaction avec vous, il pourra aussi choisir un lieu difficile d'accès pour les humains, de préférence en hauteur. Sur le dessus d'une armoire par exemple.

C'est que le chat n'apprécie pas du tout qu'on viole son aire de repos (son champ d'isolement, comme disent les comportementalistes animaliers). Lorsque c'est le cas, il devient vite acariâtre, voire agressif. En revanche, il n'est pas exigeant avec la qualité de son antre. La cave ou le fond du garage peuvent lui convenir lorsque le canapé moelleux du salon est occupé. Ce qui compte, c'est le « temple intérieur » où il va se lover en toute tranquillité.

Une fois qu'il a choisi un lieu dévolu à son repos, il n'en change plus… jusqu'à ce qu'il change d'avis ! Ce sera le cas si vous le trouvez, car il n'aime pas du tout être ainsi découvert. Il faut dire qu'il organise son territoire d'une manière très codifiée (voir p. 58), mais aussi très fluctuante. Et pour éviter toute intrusion, il marquera ce lieu en griffant son périmètre (attention à votre beau canapé en cuir s'il a élu domicile dessous !) ou en y frottant son museau afin d'y déposer son odeur.

Mais nous, pauvre benêt d'humain aux sens si limités, n'y comprenons rien du tout. Il a beau multiplier les marquages, nous ne sentons pas les odeurs et ne saisissons pas les messages. Alors, pour bien mettre les points sur les « i », il pourra aller jusqu'à uriner ici et là, dans le but de vous faire comprendre le message : « Ici, on n'entre sous aucun prétexte. » Gardez bien à l'esprit que votre maison, c'est sa maison. Chez vous, c'est d'abord chez lui ! Si vous ne respectez pas cette règle fondamentale, il pourra même montrer des signes d'anxiété chronique.

Quelques pistes pour trouver la bonne chattitude

Reste à trouver le juste milieu entre la désinvolture féline et votre difficulté à protéger votre espace de paix. Imaginez : vous quittez le bureau sans explication, en claquant la porte, au beau milieu d'une réunion importante, sous prétexte que vous avez besoin de calme. Bon, d'accord, c'est ce que ferait votre chat s'il se trouvait dans la salle. Mais ce serait un coup à vous retrouver quelques heures plus tard dans le bureau du directeur pour un bon remontage de bretelles.

Inutile de prendre des risques. En la matière, vous êtes débutant. Ne vous fiez pas d'emblée à vos pulsions. Encore l'histoire du « tout-ou-rien ». Vous êtes dans le « rien pour moi, tout pour les autres », ne plongez pas tête la première dans « tout pour moi, rien pour les autres ». Il va falloir attendre un peu avant de vous fier uniquement à votre désir. On en reparlera quand vous serez à la retraite et que vos enfants auront quitté la maison. En attendant, il va falloir y aller pas à pas.

QUELQUES IDÉES POUR COMMENCER...

N'attendez pas d'être à bout pour vous écouter. Le soir, lorsque vous vous mettez au lit, avant de plonger le nez dans votre bouquin, prenez quelques minutes pour passer en revue votre journée et identifier les petites contrariétés, les moments d'agacement, les vapeurs d'amertume... Juste histoire de prendre conscience de ce qui s'accumule dans votre sac à dos. Ça vous évitera de vous laisser submerger par un tsunami de ras-le-bol que vous n'aurez pas vu venir. Votre chat, lui, a un pelage sur lequel tout glisse. C'est pratique ! Mais ce n'est pas notre cas, et il faut faire avec.

Efforcez-vous de sentir venir l'instant où vous approchez de vos limites. Car vous en avez, et c'est normal. Personne ne peut tout absorber. Au pire, si vous arriviez à « tenir » envers et contre tout, c'est votre corps qui dirait « stop ». Mauvaise option. Ainsi, lorsque vous verrez s'approcher la frontière de l'insupportable vous pourrez prendre un peu de recul « en urgence ». Juste histoire de ne pas craquer.

Offrez-vous régulièrement des petites pauses et IMPOSEZ-LES ! C'est là que se niche l'art de vivre des personnes qui savent rester zen dans l'adversité, alors que vous vous énervez pour un rien. Et ça, c'est typiquement chat ! Vous ne volez rien aux autres quand vous vous occupez de vous. Il faut vous mettre ça dans la tête.

À la maison, déterminez une fois pour toutes le territoire de repos qui n'appartient qu'à vous. Votre chambre par exemple. Bon, restons raisonnables : vous n'allez pas en expulser votre moitié si vous vivez en couple. Mais pour les autres, enfants en tête, c'est un espace INTERDIT. Du coup, quand vous vous y réfugiez, il est tout aussi interdit de vous déranger. Si vous n'en abusez pas, cette norme s'intégrera au règlement de la maison. Et tant pis pour les récalcitrants, ils finiront par s'y faire (ce n'est pas du « pur chat », ça ?).

Sur votre lieu de travail, c'est un peu plus compliqué. Si vous disposez d'un bureau fermé, procurez-vous un de ces petits panneaux marqués « *Do not disturb* » que l'on suspend à la poignée des chambres d'hôtel. Et prévenez autour de vous qu'il faut respecter cette injonction lorsque c'est inscrit sur votre porte. N'y restez tout de même pas cloîtré pendant des heures sans vous préoccuper de ce qui bouillonne autour de vous. Allez-y doucement... Vous travaillez en open space ? Là, on touche presque au tragique. Reste toujours un endroit pratique, même s'il heurte nos préjugés : les toilettes. Rappelez-vous le chat : s'il n'a pas plus confortable à portée de la patte, il ira dans n'importe quel recoin poussiéreux et humide. Faites comme lui : hiérarchisez vos priorités !

Je n'ose pas prendre des risques

Certains humains adorent les situations périlleuses. Ils ressentent un frisson délicieux à l'idée de sauter d'un pont les pieds retenus par un simple élastique, ou d'escalader une paroi rocheuse à l'à-pic impressionnant. Comme s'il leur fallait se frotter au danger pour se sentir pleinement exister. Brrr ! On frémit rien qu'à les voir faire.

À l'autre bout du spectre, on rencontre des individus frileux, paralysés par le moindre risque au point de rétrécir l'espace de leur vie par crainte de dépasser le cadre de leurs certitudes. Vous avez l'impression de n'appartenir ni à une catégorie, ni à l'autre ? Allez, un peu de sincérité : vous penchez probablement d'un côté de la balance. Et il faut bien avouer que les craintifs sont plus nombreux que les téméraires !

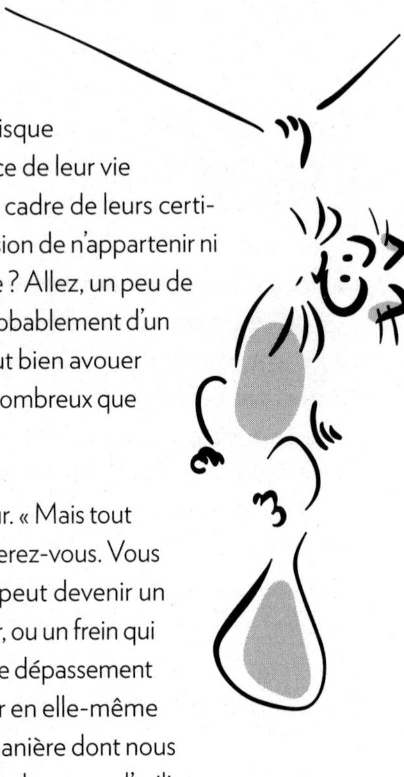

Tout cela à cause de la peur. « Mais tout le monde a peur ! », objecterez-vous. Vous avez raison. Mais celle-ci peut devenir un moteur qui nous aide à agir, ou un frein qui tue dans l'œuf toute idée de dépassement de soi. Ce n'est pas la peur en elle-même qui est en cause, mais la manière dont nous la vivons intérieurement et dont nous l'utilisons.

Vous vous sentez déjà un peu moins timoré ? Ce n'est que le début.

La peur est une émotion utile. Indispensable même. Il ne vous a pas échappé que dans certaines situations, elle évite mésaventures et désagréments. C'est la « bonne peur ». La peur salutaire. Elle décuple notre vigilance et notre capacité à réagir face au danger. Et comme elle est bonne fille, elle cesse dès que celui-ci est écarté. Celle qui paralyse est plus sournoise. Elle s'installe, se met à l'aise jusqu'à envahir l'espace intérieur. Avec le temps, elle se déconnecte de la réalité. Le sentiment de peur précède alors l'événement effrayant sur lequel il ne fait que s'accrocher. C'est la « mauvaise peur ». Celle qui nous prive de nos moyens. Vous commencez à voir la différence ?

Les intrépides, ceux qui sautent d'une falaise sans parapente, juste vêtus d'une combinaison qui les fait ressembler à des écureuils volants un brin ridicules, jouent avec la bonne peur. Bon ! Ils prennent souvent des risques inutiles et quand ils se vautrent à l'atterrissage, ils ne peuvent s'en prendre qu'à eux-mêmes. Nous n'allons pas vous conseiller de faire comme eux et de vous lancer tout de suite à l'assaut d'un sommet dangereux. Cela n'aurait pas plus de sens que d'utilité. L'idée est plutôt d'apprendre à mesurer le risque et à aller un peu (un tout petit peu) au-delà de votre zone de confort. Pas à pas…

Les chats sont, en la matière, d'excellents guides. Vous avez déjà vu l'un d'entre eux prendre des risques inconsidérés ? Jamais ! Le chat mesure toujours le danger. Qu'un réel péril s'annonce, et il dépassera ses craintes pour agir. Mais entendons-nous bien : un réel péril c'est un risque pour sa vie. Tout le reste, il s'en fiche. Il faut dire que le monde est à lui, maître universel qu'il est ! Il n'a pas besoin d'une « zone de confort ». Il est à son aise dans toutes les situations. Cet animal a fait sien cet aphorisme de Platon* : « *L'audace et la peur sont des conseillers imprudents.* » Le chat ne cède volontiers ni à l'une, ni à l'autre. Il navigue paisiblement dans cet entre-deux qui lui laisse bien assez de place. Et il mérite d'être imité…

Dans la vie de votre chat…

Lorsque nous vivions en Normandie, *Squatt*, notre chat de l'époque, était fasciné (et diablement tenté) par les hirondelles qui revenaient à chaque printemps nicher sous les tuiles du toit. Pourtant, celles-ci faisaient tout ce qu'il fallait pour l'effrayer. Pensez : elles devaient protéger leur nichée et elles n'y allaient pas de main (ou plutôt d'aile) morte ! Elles tournoyaient quelques minutes pour prendre leur élan, puis elles piquaient sur lui à toute vitesse comme si elles allaient lui défoncer le crâne avec leur bec pointu. C'est seulement arrivées à quelques centimètres des oreilles du chat prédateur qu'elles reprenaient leur vol ascendant.

Maintes fois, nous avons eu peur qu'elles le blessent. Le spectacle était vraiment impressionnant. Mais cela n'a jamais

* Platon est un philosophe grec du ivᵉ siècle av. J.-C. Cette citation est extraite du *Timée*, l'un de ses derniers dialogues.

détourné *Squatt* de son objectif. Il était chat et il se devait de chasser les oiseaux. Alors il recommençait, encore et encore... Son instinct devait lui dicter que la situation n'était pas vraiment dangereuse. Dans le cas contraire, il aurait essayé de s'attaquer aux hirondelles adultes, ce qu'il se gardait bien de faire. Il préférait attendre patiemment les petits qui tentaient de prendre leur premier envol, en espérant qu'une chute ferait tomber le petit oiseau directement entre ses pattes. Ce gros matou placide était aussi lâche à ses heures. Mais que voulez-vous, nous l'aimions...

Il prenait le risque de supporter les attaques des mamans hirondelles, mais c'était un risque mesuré. Il n'avait pas peur *a priori* des hirondelles. Il avait jaugé la situation. S'il avait pris un coup de bec, il aurait sûrement changé de tactique.

Il est cependant un élément qui génère une peur irraisonnée chez les chats : l'eau. Rares sont ceux qui apprécient d'être mouillés. Seules quelques races, comme les Maine coon, sont moins méfiantes. Rappelez-vous *Thula*, le gros chat qui veille sur une petite autiste au point de prendre son bain avec elle et de l'accompagner à la piscine. Pourtant, les chats sont d'excellents nageurs. Ils n'ont donc pas peur du risque de la noyade. C'est l'eau en elle-même qui leur colle une frousse de tous les diables !

Cette peur archaïque et irraisonnée prend racine dans le milieu naturel où vivaient leurs ancêtres : les régions désertiques du Moyen-Orient. Cela n'empêche pas les chats domestiques d'aujourd'hui d'être fascinés par l'eau qui coule d'un robinet.

Ça bouge sans arrêt, ça coule, ça ruisselle, ça les intrigue… Ils peuvent passer des heures à regarder ce spectacle comme nous restons scotchés devant un écran de télévision. Ils peuvent même se risquer à glisser une patte sous le flux liquide. Mais essayez d'asperger le vôtre d'eau et il prendra ses pattes à son cou pour aller se cacher loin de vos facéties.

Quelques pistes pour trouver la bonne chattitude

Une fois encore, tout est question de mesure. Lorsqu'un chat a peur, cela n'a rien de fantasmatique (sauf si vous faites mine de le jeter dans la baignoire bien remplie !). C'est la situation réelle qui peut se révéler effrayante à ses yeux. Et en la matière, il possède un jugement très sûr. Ni risques inconsidérés, ni frilosité intempestive : c'est sa devise.

Vous allez donc essayer de faire comme lui. Vous allez tenter de regarder les situations qui vous effraient avec un peu plus de lucidité, de manière à vous jeter à l'eau (à défaut de pouvoir y jeter votre *Pépette* !) plus facilement lorsqu'aucun danger réel ne s'annonce. Et défaites-vous des défis inutiles qui vous plongent dans l'angoisse. Toute la famille, conjoint et enfants, s'éclate tous les hivers en faisant du snowboard et vous êtes le (la) seul(e) à prendre gamelle sur gamelle, ce qui fait grandir en vous une angoisse dévorante ? Rien ne vous oblige à suivre le mouvement ! Restez tranquillement au chalet, bouquinez, et préparez-leur des crêpes pour leur retour.

QUELQUES IDÉES POUR COMMENCER…

- **Arrêtez de détourner le regard lorsque vous avez peur.** Essayez de regarder cette émotion en face. Sans agir pour autant, du moins au début. Mais posez-vous quelques questions à son sujet : qu'est-ce qui m'effraie dans la situation ? Qu'est-ce que je risque vraiment ? Faites le point le plus sincèrement possible. Cela vous aidera à agir si c'est nécessaire.

- **Certaines personnes vous font trembler ?** C'est que vous leur accordez un « pouvoir » sur vous : pouvoir de vous nuire, de vous blesser, de vous juger… Ce pouvoir est-il bien réel ? Qu'il s'agisse de votre moitié, de votre supérieur au boulot ou d'un parent un peu tyrannique, sa capacité de nuisance n'est sans doute pas aussi terrible que vous l'imaginez.

- **Votre travail (ou votre maison, ou votre moitié…) ne vous plaît plus mais vous avez peur d'en changer ?** Pensez « balance ». Mesurez sereinement les risques (les vrais hein ? Pas les angoisses fantasmatiques !) et posez-les dans un plateau. Puis évaluez ce que vous pouvez gagner en changeant →

et déposez-le sur l'autre plateau. Lequel est le plus lourd ? Si c'est le second, c'est que vous pouvez choisir d'y aller !

Vous n'osez pas vous lancer dans une aventure de longue haleine car vous pensez que vous n'arriverez jamais au bout ? Oubliez le but ultime et pensez à chaque étape. Mises bout à bout, elles vous amèneront au but. Imaginez que vous deviez gravir une montagne : si vous vous focalisez sur le sommet, vous serez découragé à l'avance ; mais si vous pensez à chaque bivouac sur le chemin, l'entreprise vous semblera plus accessible. Et surtout, n'oubliez pas de vous féliciter pour chaque étape franchie. Vous le méritez !

Vous avez décidé de vous lancer ? Alors visualisez les étapes de votre réussite au lieu de penser à votre possible échec. Oui, c'est vrai, vous pouvez toujours échouer... Mais vous pouvez tout aussi bien réussir. Alors faites comme votre chat : dans sa tête, il n'y a pas de place pour l'échec !

Je ne m'occupe pas assez de moi

Vous courez. Vous courez tout le temps… Vous vous agitez dans tous les sens et vous ne trouvez pas le temps de vous occuper de vous, de votre bien-être et de votre confort personnel. Entre le boulot, les transports, les enfants, les courses, la gestion de la maison… vous n'avez pas une minute pour vous. Alors vous rêvez d'une plage sous les cocotiers où vous pourriez vous faire masser voluptueusement dans les vapeurs de tiaré, ou d'une petite cure de cocooning dans une station de thalasso bretonne aux larges baies vitrées ouvertes sur le large. Mais vous remettez toujours à plus tard votre rendez-vous chez le coiffeur (vous donnez la priorité à celui que vous avez pris chez le dentiste pour votre aîné) et vous renoncez à cette séance de hammam avec vos copines que vous aviez pourtant programmée (ce sera pour la semaine prochaine… ou la suivante !).

Lorsque vous en avez fini avec les obligations de la journée et que vous pensez pouvoir enfin vous accorder un petit moment pour vous, c'est le petit dernier qui réclame encore une histoire (vous en avez déjà lu trois !), ou le grand qui a besoin de vous pour son problème de math.

Vous pensez que les femmes sont les seules concernées ? Non ! On vous l'accorde, notre descriptif est plutôt féminin. Mais cette incapacité à prendre du temps pour soi se conjugue aussi au masculin. Aujourd'hui, les hommes sont de plus en plus nombreux à participer aux contraintes domestiques. Sans oublier les pères célibataires qui se retrouvent dans la même situation que les femmes. Ah ! On oubliait... il faut aussi sortir le chien. Les enfants ont insisté pour que vous adoptiez ce gentil labrador avec lequel ils jouent en rentrant de l'école. Mais c'est toujours vous qui assumez la corvée avant de vous coucher. Les chats sont beaucoup moins exigeants, finalement. Et vous vous félicitez d'avoir accueilli sous votre toit cette petite boule de poils devenue un gros matou flegmatique qui fait plutôt bon ménage avec *Médor*.

Ouf ! Enfin terminé ! Pour de bon cette fois-ci... Vous vous préparez à vous couler tranquillement entre les draps, mais vous trouvez le chat de la maison couché en travers du lit, dormant avec délectation... Ce spectacle vous attendrit et vous vous glissez timidement dans l'espace réduit qu'il vous laisse. C'est un peu inconfortable, certes, mais vous n'allez tout de même pas avoir la cruauté de déranger le sommeil du roi des lieux...

Oui, oui... Nous avons un peu forcé la dose avec la situation. Mais vous vous y retrouvez tout de même un petit peu ? Alors commencez par renvoyer le chat qui ira se lover sur le canapé du salon. Même s'il vous jette un regard culpabilisant, ne vous y laissez pas prendre : cette place n'est pas si inconfortable, même si ce n'est pas sa préférée. Ensuite, couchez-vous confortablement (vous avez droit à votre repos) et réfléchissez un peu... Car il y a, dans cette impossibilité à s'occuper de soi, deux entraves mêlées. D'abord, la difficulté à protéger votre espace pour qu'on vous fiche la paix de temps en temps (voir p. 71). Ensuite, l'incapacité à vous autoriser des parenthèses de pur plaisir, comme si chaque seconde que vous consacrez à votre bien-être relevait d'un égoïsme forcené.

Un nombre impressionnant de personnes passent ainsi leur temps à « s'oublier » pour penser aux autres. Pourtant, le temps qu'on s'accorde pour soi est indispensable si l'on veut être vraiment disponible pour les autres. À ne penser qu'à eux, on finit par s'user. À ne jamais penser à soi, on finit par creuser le lit d'une fatigue physique et psychique aux effets parfois dévastateurs.

Regardez votre chat. Si, si... celui que vous venez de virer du lit avec tout le ménagement dont vous êtes capable. Il n'a aucun mal à s'octroyer des soins, lui ! Il sait se détendre, il prend grand soin de son sommeil, il prend le temps qu'il faut pour faire sa longue et minutieuse toilette (voir plus loin, p. 89), il n'oublie jamais de jouer quand le cœur lui en dit... On voit venir votre objection : il n'a pas d'obligations, lui ! Et là, c'est lui qui s'insurge : et chasser les souris, ce n'est pas une obligation de chat, ça ? Il y réserve le temps qu'il faut ! Pas pour les dévorer (c'est vous qui remplissez sa gamelle), mais pour protéger « votre » logis contre les grignotages de ces minables petits rongeurs. Il vous rend service, en quelque sorte. Il n'y a pas la moindre trace de souris chez vous ? C'est pire encore ! Il doit redoubler d'attention pour traquer la moindre odeur, la moindre trace. Au cas où...

Alors faites comme lui. Laissez tomber votre image de mère ou de père « universel ». Même si vous n'avez pas d'enfant, la terre entière est devenue votre progéniture, et vous vous devez de la protéger et de la dorloter. Une idée se cache confusément derrière cette exagération : « Si je n'en fais pas plus que les autres, personne ne m'aimera. » Regardez votre chat. Vous continuez à l'aimer bien qu'il ne s'occupe que de lui ! Vous enviez même sa liberté et son indépendance. Vous aimeriez parfois être à sa place. Alors prenez-la, cette place... Comme vous avez récupéré votre lit tout à l'heure. Accordez-vous une demi-heure pour vous prélasser dans un bon bain chaud, allez vous faire masser de temps en temps, ne dites pas toujours « non » à cette amie qui vous propose une soirée cinéma... Vos enfants, votre chéri(e), votre maman, votre papa, votre vieille copine déprimée, votre maison toujours impeccable... Tout cela attendra et ce ne sera pas un drame. Au contraire !

Dans la vie de votre chat...

Ce n'est pas un scoop : les chats sont à l'écoute de leurs besoins physiologiques et de leurs envies. Ils dorment quand ils ont sommeil, où qu'ils soient. C'est déjà un sérieux avantage qu'ils ont sur nous. Quoique... Certains humains sont capables de s'endormir en pleine lumière, au milieu du vacarme, sans se préoccuper de ce que pensent les autres. Nous connaissons tous un de ces chanceux, même si en général nous les trouvons énervants. Vous les invitez à dîner et avant la fin du repas, ils piquent du nez dans leur assiette. Quand vient l'heure du pousse-café dans le canapé, ils se mettent carrément à ronfler. Très vexant pour la maîtresse de maison qui a préparé le repas.

Ces cas peu fréquents montrent tout de même que c'est possible. On peut être à l'écoute de ses besoins au point de faire fi des contingences sociales. Sans aller jusque-là (vu d'où vous partez, vous avez de la marge), vous pouvez progresser. Idem pour les repas : les chats mangent quand ils ont faim. Là, on peut difficilement les imiter. Ils jouent quand ils en ont envie, alors que nous avons souvent remisé au fond de nous la légèreté de l'enfant d'antan, enseveli qu'il est sous les obligations de l'adulte. Sur ce point, vous pouvez également vous améliorer.

Restent les soins du corps. Sur ce plan, les chats sont imbattables ! Ils prennent leur temps pour faire leur toilette, qui suit un rituel bien rodé. Les chats passent un tiers de leur journée éveillés à se lécher et à s'essuyer. Si, si... Vous avez bien lu. Après s'être lavés, ils s'essuient et ils n'ont pas besoin de drap de bain pour ça. Ils utilisent leur langue bien mouillée pour nettoyer, et plus sèche pour s'essuyer. Comme ils sont extraordinairement souples, cet appendice peut atteindre toutes les parties de leur corps, excepté les oreilles et le dessus de leur tête qu'ils frottent avec une patte préalablement humectée.

Leur langue est ainsi leur principal instrument d'hygiène et de beauté. Elle est râpeuse à souhait, ce qui lui permet de « ramasser » poussières et parasites. Et quand ce n'est pas suffisant, ils se servent de leur bouche comme d'une étrille. Ils mordillent leurs poils et les tiraillent. Ce faisant, ils imperméabilisent leur fourrure en provoquant la sécrétion d'une substance par les glandes situées à la base des poils.

Au-delà de sa fonction hygiénique (le chat est propre, ne l'oublions pas !) et esthétique (la toilette embellit sa fourrure), le temps passé à sa toilette permet au chat de prendre conscience de son corps. C'est essentiel pour qu'il conserve sa souplesse et sa formidable acuité kinesthésique. En plus, le léchage a un effet apaisant (quand il est stressé, le chat se

lèche), comme une sorte d'automassage bienfaiteur qui réduit ses tensions internes.

Vous le voyez : prendre soin de soi, c'est prendre soin à la fois de son corps et de son mental. C'est s'offrir du bien-être physique mais aussi psycho-émotionnel. Et dans le monde d'aujourd'hui, tout le monde en a besoin...

Quelques pistes pour trouver la bonne chattitude

Pour libérer du « temps pour vous », vous allez devoir apprendre à hiérarchiser vos obligations de manière à remettre à plus tard ce qui peut l'être. Entendons-nous bien : loin de nous l'idée de vous inciter à la procrastination. Mais franchement, il y a forcément des petites choses que vous pouvez remettre à demain sans que votre vie personnelle ou professionnelle en souffre. Et ces quelques minutes grappillées ici ou là formeront, à la fin de la journée, une parenthèse bienfaitrice. À condition de ne pas céder à la tentation de la remplir avec d'autres obligations. Il est question de vous « faire du bien », ne l'oubliez pas.

N'attendez pas d'avoir terminé tout ce que vous avez à faire avant de penser à vous. Ce serait peine perdue. Notre emploi du temps devient un tonneau des Danaïdes si nous n'y prenons garde : il se remplit volontiers de petites choses, comme de l'eau qui se glisse dans tous les interstices lorsqu'on la laisse couler.

QUELQUES IDÉES POUR COMMENCER…

- **Apprenez à mieux gérer votre temps.** Au besoin, accordez-vous quelques jours pour inscrire sur un petit cahier tout ce que vous avez à faire. Là, sous vos yeux ébahis, apparaîtront les choses indispensables et celles qui le sont moins. Bingo ! Ce sont ces dernières que vous pourrez remettre à plus tard pour réserver du temps à ce qui vous fera du bien.

- **Pensez « plaisirs du corps ».** Vous avez perdu le contact avec vos sensations corporelles ? Grave erreur ! C'est l'instrument de votre sensorialité. Si les chats sont rarement balourds (sauf lorsqu'ils deviennent très vieux), c'est qu'ils restent connectés à leurs sensations corporelles. Ils ne perdent pas dans les labyrinthes de pensées inutiles (ils seraient bien en peine de le faire !). Alors essayez de rétablir le contact à travers des gestes qui vous apportent de la satisfaction. Qu'il s'agisse d'une activité physique, d'un massage (ou d'un automassage), d'un soin corporel (un gommage, une crème hydratante longuement passée sur tout votre corps…), peu importe. Pourvu que cela concerne votre corps et vous fasse du bien.

- **N'oubliez pas les autres plaisirs intimes.** On ne parle pas de votre vie sexuelle qui ne regarde que vous. Nous faisons plutôt référence à cette petite demi-heure de lecture dans votre chambre, cette sortie improvisée avec des amis, ce spectacle auquel vous avez envie d'assister sans jamais réserver une place. AUTORISEZ-VOUS des petits plaisirs. Vous serez d'autant plus détendu(e) et votre bonne humeur fera plaisir à tout le monde autour de vous.

Et n'écoutez pas les rabat-joie qui essaieraient de vous culpabiliser. Est-ce que votre chat s'en soucie ? Pas du tout ! Alors faites comme lui.

Je m'ennuie facilement

« *Qu'est-ce que je peux faire ? J'sais pas quoi faire ?* » Dans le film *Pierrot le fou**, le personnage de Marianne, incarné par Anna Karina, traîne des pieds sur une plage en répétant ces mots à l'envi. Une incarnation parfaite de l'ennui. Voilà bien une sensation indissociable de notre nature humaine. Avez-vous déjà vu un animal s'ennuyer ? Jamais ! Et le chat moins que tout autre. Il mange, il dort, il joue, il se lave… Cela suffit à remplir ses journées. Jamais il ne se lasse. Jamais il ne rêve à autre chose.

Une telle vie vous semblerait peut-être un peu… ennuyeuse ? On vous l'accorde,

* Ce film, réalisé par Jean-Luc Godard, est sorti en salles en 1965.

l'humain est animé par d'autres aspirations. Mais ça ne devrait pas lui faire oublier qu'en n'importe quelle circonstance, il conserve à portée de main de nombreuses occupations passionnantes, pour peu qu'il veuille bien s'y concentrer. Les enfants sont capables de passer des heures dans un jardin à regarder des fourmis aller et venir, leur cargaison sur le dos. Pourquoi les adultes ne pourraient-ils pas retrouver cette curiosité insatiable ?

« *L'ennui est la juste punition des esprits vides et des cœurs indifférents* », dit un ancien proverbe*. Un esprit vide, votre matou ? Vous n'y pensez pas ! Un cœur indifférent ? Peut-être un peu, parfois... En tout cas, il n'est jamais les deux à la fois, contrairement à nous. Encore un match gagné haut la main par nos amis félins.

Avez-vous déjà surpris votre matou les yeux dans le vague, la mine terne, les oreilles ramollies, promenant son ennui d'un pas apathique d'une pièce à l'autre de la maison ? La réponse est probablement « non ». Alors que cela vous est certainement déjà arrivé, à vous ! Attention pourtant à ne pas « *confondre tristesse et ennui* », comme prévient l'écrivain Jules Renard dans son journal**. On ne vous parle pas de ces moments où la vie vous semble vide parce que votre amoureux(se) s'est fait la malle en emportant vos sentiments. C'est la tristesse qui s'abat alors sur vous. Elle entraîne l'ennui dans son sillage,

* Il est extrait de *La petite encyclopédie des proverbes français,* publiée en 1860.
** En date du 8 septembre 1892. L'intégralité de ce Journal (1887/1910) a été réédité par les Éditions Robert Laffont en 1990.

c'est vrai. Mais si vous sortez de la tristesse, vous retrouverez votre goût pour les petits plaisirs simples du quotidien.

Le véritable ennui, c'est celui qui vous tombe dessus sans prévenir, sans que vous puissiez lui trouver une cause. Et c'est bien différent. Ce n'est ni de la mélancolie, ni de la nostalgie, ni du cafard... C'est juste, comment dire... de l'ennui ! Vous avez l'impression de n'avoir rien à faire, ce qui fait naître en vous cette désagréable sensation de vacuité.

Quand l'ennui s'abat ainsi sur vous, la solution est simple : regardez votre chat dans ses activités. Quoi qu'il fasse, il s'y investit totalement. Il est doté d'une capacité de concentration exceptionnelle et il n'est pas très exigeant quant à l'intérêt intrinsèque de ce qui l'occupe. Du coup, il ne s'ennuie jamais vraiment. CQFD !

Dans la vie de votre chat...

Si le chat ne s'ennuie jamais, c'est qu'il est motivé avant tout par ses besoins, ses désirs et son plaisir. Avec ses besoins, il a déjà fort à faire. Songez : il dort 16 à 18 heures par jour. Et des 6 à 8 heures restantes, il consacre un tiers à sa toilette (voir au-dessus, p. 89). Enlevez encore le temps qu'il passe à manger, même s'il ne s'y attarde pas beaucoup (mais il fait plusieurs petits repas chaque jour). Il lui reste à tout casser 4 heures à occuper. Il les destine avant tout au jeu. S'il dispose d'un jardin, il occupera une partie de ses « loisirs » à chasser. Mais chez lui, cela fait partie du jeu.

Il n'y a donc pas beaucoup de temps pour l'ennui dans cet emploi du temps bien rempli. Votre *Gris-gris* (vous n'avez pas hésité à nommer votre chat comme celui du Général de Gaulle) tourne en rond en miaulant ? Cela n'a rien à voir avec l'ennui. C'est juste qu'il désire quelque chose qui ne dépend pas seulement de lui : manger (vous n'avez pas vu que sa gamelle est vide ?) ; sortir (mais quand allez-vous vous décider à lui ouvrir la porte-fenêtre !) ; se faire caresser (d'accord, vous êtes occupé, mais qu'y a-t-il de plus important à cet instant précis ?)... Et vous avez le mauvais goût de ne pas céder à cette demande qu'il juge absolument prioritaire. Alors il insiste...

Un chat ne s'ennuie vraiment que lorsqu'il est dépressif. Cela arrive, mais c'est très rare. Un épisode de dépression peut survenir par exemple lorsqu'il vit avec un autre chat depuis sa naissance (surtout si les deux sont issus de la même portée) et que ce compagnon meurt. L'ennui l'envahit alors tout entier : il devient boulimique et sale, il ne joue plus... Le reste du temps, il trouve toujours une bricole qui attire son attention. Il dispose d'outils sensoriels si affûtés que le plus léger bruit, le plus petit mouvement, le moindre objet vient titiller sa curiosité.

Allons, ce n'est pas si compliqué ! Vous pouvez faire comme lui. Il vous suffit de laisser de côté vos grandes aspirations pour profiter de ce qu'il y a autour de vous. Avec un petit effort, vous allez y arriver...

Quelques pistes pour trouver la bonne chattitude

Comme le remarquait le comédien James Mason* : « *Il n'y a pas besoin de montrer à un chat comment se payer du bon temps car ils sont d'un génie à toute épreuve à cet égard.* » Bien dit ! Vous allez tromper l'ennui en reprenant à votre compte ce talent animal inné. Vous avez forcément à portée de la main de quoi occuper votre temps. On ne vous parle pas de travail, mais de plaisir. Ne nous dites pas que vous allez essayer de tromper l'ennui avec une tâche administrative ou domestique. Si vous vous ennuyez, c'est que vous avez besoin de distraction. Et le ravissement auquel vous aspirez se niche dans d'innombrables petites choses du quotidien. Vous n'avez pas d'idées ? Voici quelques exemples pour vous mettre en jambes.

* Citation extraite du livre *Le chat en 500 citations*, de Stéphane Garnier, publié par L'opportun Eds.

QUELQUES IDÉES POUR COMMENCER…

Faites une petite balade autour de chez vous. Vous habitez en ville dans un quartier pas très folichon ? Tant pis ! Focalisez-vous sur des petites herbes qui parviennent à percer le bitume. Quelle force de vie ! Elles méritent bien un peu d'attention.

Mettez les mains dans la farine. « *Rien n'est plus beau…* », comme le chantait Claude Nougaro. Inventez une recette de gâteau étonnante. Ça risque d'être raté ? Et alors… Vous aurez trompé l'ennui pendant que vous le préparez, à défaut de vous régaler en le dégustant.

Lisez ce livre qui dort dans votre bibliothèque depuis qu'on vous l'a offert. Il ne vous fait pas envie ? C'est une idée préconçue. Vous ne pouvez pas savoir avant de l'avoir ouvert. Il vous réserve peut-être une belle surprise qui vous restera inconnue tant que vous n'aurez pas essayé.

Filez dans la salle de bains. Elle recèle forcément quelques produits que vous n'avez pas encore essayés, un vernis à ongles d'une couleur improbable que vous avez rangé au fond d'un tiroir en vous demandant pourquoi vous aviez craqué. Même si le résultat est très moche, vous aurez au moins essayé.

Jouez avec votre chat. Une petite pelote de laine et hop ! Ça suffira pour l'amuser et vous aider à tromper votre ennui. À condition bien sûr qu'il soit disponible pour ça, car il suit son propre désir, ne l'oubliez pas. Il préfère dormir ? Alors faites comme lui. Une petite sieste est toujours la bienvenue (voir plus loin p. 103) !

Je ne sais pas me détendre

Vous avez déjà regardé un chat qui dort ? Impossible d'être plus détendu. Ce qui ne l'empêche pas de lever une paupière dès qu'il se passe quelque chose autour de lui. Les chats ont une capacité hors du commun à se relaxer complètement sans renoncer à leur vigilance. C'est qu'ils ont du métier, les chats ! Rappelez-vous : ils passent 16 à 18 heures par jour à dormir. Un chat adulte a donc un sacré parcours-sommeil derrière lui. Un vrai pro.

Les réseaux sociaux regorgent de petites vidéos montrant des chats qui dorment dans les situations les plus étranges. Il y a celui qui adore se coucher dans un placard, sur les cintres. Inconfortable ? Il n'a pas l'air d'accord. Ce lieu lui plaît et il y retourne dès que la porte est entrouverte. Il y a aussi celui qui guette les lessives pour aller se prélasser sur le haut de l'étendoir-parapluie. Ce gros matou ventripotent laisse sa graisse pendre entre deux fils, formant des vagues hilarantes. Lui aussi a l'air de trouver cette couche très agréable. On vous passe ceux qui dorment dans les placards à vaisselle, coincés entre les piles d'assiettes et les saladiers, ou ceux qui se glissent dans un carton trop petit, ce qui ne les empêche pas d'y être complètement détendus même si un « excédent » dépasse : leur tête pend en dehors, leurs pattes émergent dans un agencement improbable... Et pourtant, ils dorment à « pattes fermées ». En les regardant, on ne peut s'empêcher de projeter l'inconfort qu'on ressentirait dans une telle posture. Mais les chats, non ! Ils sont capables de se détendre physiquement dans n'importe quelle situation.

N'allez pas croire pour autant que les chats se relaxent uniquement lorsqu'ils sont plongés entre les bras de Morphée. « *L'idée du calme est dans un chat assis* » affirmait l'écrivain Jules Renard. C'est vrai : ces animaux dégagent de la quiétude et de l'apaisement. La journaliste américaine Jane Pauley remarque de son côté : « *Vous ne pouvez regarder un chat endormi et être tendu.* » À côté d'eux, nous jouons « petits bras ».

Car le stress, nous connaissons bien ! Personne ne peut se targuer d'y échapper totalement. D'ailleurs, les maladies liées à l'excès de tension nerveuse ont explosé depuis quelques décennies : anxiété chronique (voire burn-out), dépression, hypertension artérielle, douleurs permanentes... Quant aux troubles du sommeil, c'est un « chat qui se mord la queue » ! Plus on est stressé, plus le sommeil devient fragile, ce qui induit une fatigue persistante, laquelle augmente la tension nerveuse et trouble encore davantage la qualité des nuits. Le cercle vicieux par excellence.

Du coup, les techniques antistress fleurissent comme cerisiers au printemps. Et s'il vous suffisait de regarder les chats et de vous en inspirer pour mieux gérer les tensions quotidiennes ? En la matière, ce sont les meilleurs professeurs du monde !

Dans la vie de votre chat…

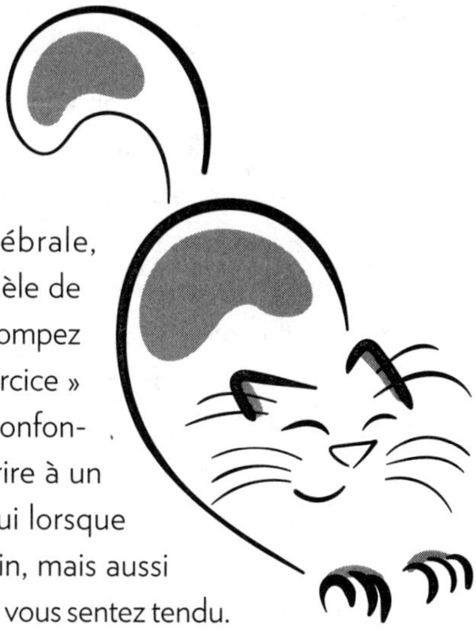

Lorsqu'un chat se réveille, que fait-il instantanément ? Il s'étire ! Il étend soigneusement ses pattes (jusqu'à sortir ses griffes), creuse sa colonne vertébrale, allonge son cou… Un modèle de stretching. Si vous ne l'interrompez pas, il accomplira cet « exercice » instinctif avec un sérieux confondant. Inutile de vous inscrire à un cours pour faire comme lui lorsque vous vous réveillez le matin, mais aussi dans la journée lorsque vous vous sentez tendu.

Puis le chat bâille longuement en ouvrant largement la bouche. Savez-vous que le bâillement fait partie des pratiques de base du yoga ? Il est utilisé pour ancrer la relaxation générée par certaines postures. Nous, nous bâillons généralement en retenant le mouvement, avec discrétion, la bouche cachée par une main pudique, en empêchant notre bouche de s'ouvrir trop largement. Et nous le faisons seulement quand nous avons sommeil. Nous avons le bâillement coupable. C'est dommage, car un bon bâillement profond, bouche grande ouverte, induit une détente totale, physique et psychique.

Côté relaxation, le chat possède d'autres « trucs » que nous pouvons imiter. Lorsqu'il se met sur le dos, pattes en l'air, en frottant sa colonne vertébrale sur le sol, vous pensez sans doute qu'il cherche les caresses et les grattouillis. Pas du tout ! En fait, il masse son dos pour éliminer les tensions qui le dérangent. Et même quand il ronronne, il ne s'adresse pas forcément à vous. Cette vibration sonore, émanant des muscles de son larynx et de son diaphragme, a des propriétés autothérapeutiques. C'est, encore une fois, une sorte de massage de sa gorge qui le détend au point d'améliorer la cicatrisation de ses microblessures internes (muscles, tendons...). Là, il est difficile de l'imiter ! Avez-vous déjà essayé de ronronner ? C'est une activité qui nous est tout à fait étrangère. Mais vous pouvez toujours chantonner sous la douche matinale. Cela contribuera à la relaxation des tissus de votre larynx et de votre diaphragme.

Reste le sommeil. Ah... la détente d'un chat qui dort ! On envie souvent celui qui est couché en travers du lit, alors qu'on passe des heures à se tourner et se retourner (avec précaution pour ne pas le bousculer !) en attendant un endormissement réparateur qui ne vient pas. Pour le chat, le sommeil possède une dimension réparatrice essentielle à son bien-être et à sa santé. Comme nous, direz-vous. Certes. Mais les chats ne sont jamais insomniaques. Ils peuvent parfois devenir hypersomniaques lorsqu'ils sont dépressifs (c'est rare). Mais manquer de sommeil, jamais ! Ils font ce qu'il faut au cours de la journée pour ne pas accumuler trop de tension nerveuse.

Le chat ne dort pas comme nous. Au lieu d'alterner chaque jour une longue période de sommeil et une encore plus longue de veille, il fonctionne de manière fractionnée. C'est le roi de la sieste ! Il en fait plusieurs par jour. Mais la nuit, quand vous avez enfin réussi à vous endormir pour quelques heures, il se lève et vaque à ses occupations. Au point parfois de vous réveiller en jouant avec cette petite souris en peluche remplie de grelots qu'il a boudée obstinément depuis que vous la lui avez achetée.

Dans sa nature profonde, le chat reste un prédateur. Il doit rester en forme pour pouvoir chasser, faute de quoi il ne peut se nourrir. C'est vous qui choisissez amoureusement ses croquettes et ses bouchées préférées, que vous lui donnez avec une régularité d'horloge ? Cela ne l'empêche pas de rester branché sur son instinct qui lui dicte un rythme de sommeil favorable à son tonus physique et psychique.

Quelques pistes pour trouver la bonne chattitude

Notre excès de tension nerveuse vient souvent du fait que nous ne savons plus écouter nos besoins fondamentaux. On vous l'accorde, c'est parfois difficile. Vous n'allez pas vous affaler sur votre bureau en pleine séance de travail. Ce n'est pas l'envie qui vous manque ? Vous n'êtes pas seul à éprouver cette tentation. « *Ah ! qu'il est doux de ne rien faire quand tout s'agite autour de nous* », peut-on entendre dans l'opéra *Galatée*, de Victor Massé[*]. Mais ce n'est pas faisable dans toutes les situations de la vie quotidienne.

Du coup, nous prenons l'habitude de refréner notre nature profonde au point de ne pas y céder même lorsque ce serait possible. À la maison, par exemple, vous avez peut-être le réflexe de résister au sommeil pour attendre la fin du film à la télé, même lorsque celui-ci ne vous passionne pas. Mauvaise idée ! De même, certains culpabilisent à l'idée de faire une sieste le week-end ou pendant les vacances, comme si c'était un moment volé à la vie. Résistez à cette attitude qui génère de la frustration et vous prive d'une pause bénéfique. Vous avez le droit de vous détendre, ne l'oubliez pas. Les chats s'en souviennent toujours, eux !

[*] Le livret de cet opéra, créé à l'Opéra comique en 1852, est l'œuvre de l'auteur Michel Carré.

QUELQUES IDÉES POUR COMMENCER…

Étirez-vous ! Au réveil bien sûr, mais aussi dès que vous vous sentez tendu. Lorsque c'est possible, procédez à un étirement complet : jambes, dos, bras, nuque… Dans la journée, plus discrètement, vous pouvez étirer vos jambes sous le bureau ou vos bras au-dessus de votre tête. Quant à l'étirement du cou, il est encore plus invisible pour les autres. Il suffit de s'asseoir sans s'appuyer sur le dossier du siège, le dos bien droit, et d'étirer sa tête vers le haut en rentrant légèrement le menton, comme si un fil invisible tirait vers le haut le sommet de votre crâne. Respirez profondément et lentement pendant que vous procédez à cet étirement, cela le rendra encore plus relaxant.

N'ayez pas peur de bâiller largement ! C'est possible lorsque vous êtes chez vous. Et peu importe si votre moitié et vos enfants se marrent. Ça leur fera du bien. Car le rire est aussi un instrument de détente.

Alors riez dès que vous en avez la possibilité. Au besoin, créez l'occasion d'une bonne crise de rire. Téléchargez les spectacles comiques que vous jugez irrésistibles, et repassez-les à la moindre occasion. Sur ce terrain, nous sommes infiniment supérieurs aux chats. Ils ne savent pas rire, eux ! Alors profitez-en pour leur adresser un joyeux pied-de-nez.

→

- **Dans les moments que vous vous consacrez** (voir p. 85 et 143), **faites un peu de relaxation.** Quelques minutes de respiration calme ou de visualisation peuvent suffire, si vous les répétez assez souvent.

- **Chouchoutez votre sommeil !** Évitez les écrans de tablette et de Smartphone dans l'heure qui précède le coucher. Leur lumière bleue retarde l'endormissement. Protégez-vous du bruit et de la lumière (un masque et des boules d'oreille font l'affaire). Étirez-vous aussi avant de vous coucher pour éliminer les tensions musculaires. Mettez-vous au lit dès que vous sentez le sommeil venir. N'attendez pas.

- **Savourez le bonheur de la sieste.** Ces petites parenthèses de sommeil diurne correspondent à notre rythme biologique. Le coup de barre que l'on ressent après le repas de midi ne doit rien à la digestion. Il correspond à un besoin physiologique d'origine hormonale. Alors respectez-le ! Mais attention : pas plus d'une demi-heure, même en vacances. Au-delà, la sieste risque de perturber votre sommeil nocturne.

Je ne sais pas dire « non ! »

Qu'il peut être difficile à prononcer, ce petit vocable porteur d'une signification simple et précise : vous ne voulez pas, vous n'acceptez pas, vous n'avez pas envie, cela ne vous convient pas... Et vous avez le droit ! Si vous savez dire « oui », il n'y a aucune raison pour que vous ayez du mal à dire « non ».

Enfin... si, en cherchant bien, il y a une raison. Il s'agit de l'image que vous avez forgée de vous-même. Si vous vous opposez au désir de l'autre, vous craignez qu'on ne vous aime plus. C'est ce qui se cache le plus souvent derrière un manque

d'affirmation de soi. Celui qui dit toujours « oui » rabaisse sa propre opinion au profit de celle de son interlocuteur. Il a peur de blesser, de décevoir, de se tromper... Ce sentiment erroné (non, les autres ne sont pas toujours plus forts, intelligents et avisés que vous !) prend généralement racine dans l'enfance.

Selon les psys spécialisés dans l'évolution de l'enfant, tous les petits traversent vers 2 ans ce que l'on appelle une « phase du non ». Une fois qu'ils ont intégré le sens de ce mot, ils le répètent à longueur de journée comme pour se griser de ce nouveau pouvoir qu'ils peuvent exercer sur leurs parents. Qu'il s'agisse de manger, de s'habiller, de grimper dans la poussette pour partir en balade, de prendre le bain..., c'est toujours « non » ! Au début, cette phase peut être marrante pour les parents. Regarder ces petits bouts encore malhabiles s'affirmer avec autant d'audace, c'est assez rigolo... Ensuite, tout cela devient moins drôle, surtout lorsque la vie quotidienne tourne à l'affrontement.

Quoi qu'il en soit, nous sommes tous passés par cette phase. Nous avons tous appris à dire « non », même si chaque enfant l'a fait à sa manière, avec plus ou moins de délectation dans l'opposition. Pourquoi certains conservent-ils cette capacité à exprimer leur avis propre quand d'autres la perdent en cours de route ? Vaste sujet qui demande d'aller explorer les profondeurs de l'être. Rassurez-vous, il n'est pas nécessaire d'y répondre avec précision pour améliorer votre capacité à dire « non ». Vous pouvez faire des progrès juste en modifiant vos habitudes. C'est là qu'intervient la sagesse du chat qui, une fois encore, est une formidable source d'inspiration.

Lorsqu'il ne veut pas, le chat, il ne veut pas. Un point, c'est tout ! Il se fiche comme d'une guigne de l'effet que ça peut vous faire. Vous lui servez une pâtée qui ne lui plaît pas ? Il tourne la tête d'un air dégoûté pour bien vous signifier qu'il n'en mangera pas. Vous avez envie d'un câlin-caresse ? S'il n'est pas au diapason, il ne se laissera pas faire. Il suivra sa boussole, sans se soucier de vous. Le chat est toujours dans son propre désir, et celui des humains qui l'ont adopté (ou plutôt qu'il a accepté de prendre sous son toit !) passe toujours au second plan.

Jacques Lanzmann, l'écrivain, scénariste et parolier qui a écrit de si jolies chansons pour Jacques Dutronc dans les années 1960-1970, remarquait : « *Le chat n'obéit qu'à lui-même. Il dit plutôt non à tout que oui peut-être.* » Exemple à suivre, au moins le temps de vous améliorer. Vous n'allez pas passer d'un extrême à l'autre, et apprendre à toujours faire passer vos envies et vos opinions avant celles des autres ! Vous deviendriez un épouvantable égocentrique, et ce n'est pas la meilleure manière de nouer des relations sereines et agréables avec votre entourage. Mais vu d'où vous partez (encore une fois), vous avez de la marge ! Quelques ajustements vous aideront à vous affirmer. C'est déjà ça !

Dans la vie de votre chat…

« *Les chats sont comme le papier, ça se froisse très vite* », affirmait Guy de Maupassant. Pas faux ! Tous ceux qui vivent avec un chat l'ont déjà remarqué : ces animaux se vexent facilement, notamment lorsque l'on n'accède pas à leurs demandes ou que l'on n'entend pas leur « non ». Pour cela, encore faudrait-il qu'ils aient un ego. Si l'on en croit le vétérinaire psychologue Joël Dehasse*, cela semble bien le cas ! « *Le chat a une connaissance de lui-même par rapport aux autres* », dit-il. « *Pensez-vous que le chat qui chasse une souris fasse la différence entre lui et la souris ? Pensez-vous que le chat qui est en conflit avec un congénère décode ses intentions à partir de sa communication ? Oui, évidemment !* ». À partir de là, comment s'étonner que le chat reconnaisse son propre désir et le différencie du désir de l'autre (souris, chat, humain...) ?

Une question reste cependant posée : où puise-t-il sa capacité à toujours privilégier ses propres envies et besoins ? Le vétérinaire psychologue répond : « *Le pouvoir mental humain est extraordinaire : il lui permet de nier ses émotions ou de les dénaturer en paroles, mais pas de ne pas ressentir. Un homme peut dire qu'il est en colère alors qu'il a peur, cela ne l'empêchera pas d'avoir peur. Le chat n'a pas ces préoccupations : il vit les sensations des émotions sans les codifier mentalement.* »

* Voir les références p. 57.

Et là, une fois encore, le chat possède sur nous bien des longueurs d'avance. Il ne se raconte pas d'histoires par rapport à ce qu'il désire et ressent. Il y répond, c'est tout ! Nous, humains, pouvons dire « oui » et penser « non ». Le chat ne s'embarrasse pas de ce genre de billevesées ! Vous le dérangez dans sa sacro-sainte sieste pour lui prodiguer des soins qui, selon vous, lui feront du bien ? Vous êtes prié d'attendre le moment où il sera disponible. Vous n'avez pas que ça à faire ? Lui non plus. D'ailleurs, à l'instant présent, il dort. Et c'est plus important que toutes vos obligations réunies !

Quelques pistes pour trouver la bonne chattitude

Le chat se respecte. Toujours ! Lorsque vous pensez « non » et dites « oui », vous ne vous respectez pas. Et cela vous amène, du coup, à ne pas respecter cet « autre » à qui vous niez la capacité de comprendre votre refus. Le philosophe Fabrice Midal* explique, dans une interview au magazine *Psychologies*** : « *En assumant ce que l'on est, en exprimant ce qui est important pour soi, on peut se tourner vers les autres. Le narcissisme nous rend humain et nous guérit.* » Alors guérissez-vous en affirmant ce que vous êtes et ce qui est important pour vous, fût-ce un refus. Osez faire comme votre chat !

* Il est l'auteur de deux livres à succès publiés par les éditions Flammarion/Versilio : *Foutez-vous la paix ! Et commencez à vivre* (paru en 2017) et *Sauvez votre peau ! Devenez narcissique* (paru en 2018).
** N° 382, février 2018.

QUELQUES IDÉES POUR COMMENCER…

Reconnectez-vous avec vos sensations corporelles. Ça n'a l'air de rien, mais pour vous brancher sur vos vrais désirs et les « tonifier », il vaut mieux commencer par les sensations du corps. C'est plus facile. Alors, de temps en temps (dans l'idéal, une fois par jour), prenez un moment pour vous, au calme, allongez-vous, fermez les yeux, et essayez de ressentir ce qui se passe dans votre corps : votre souffle qui entre et sort de votre poitrine, les points d'appui de votre corps sur le matelas ou sur le sol, vos tensions musculaires, éventuellement vos douleurs…

Essayez d'accepter ce qui se passe en vous. Au niveau de votre corps d'abord, puis de vos émotions. Vous aimez ou n'aimez pas, vous vous sentez en colère ou en paix, vous appréciez l'autre ou non… Vous avez le droit de le ressentir, et encore plus de le dire !

Admettez l'idée que vous ne pouvez pas plaire à tout le monde. Est-ce que votre chat s'en soucie ? Non ! Et il a raison. Un tube des années quatre-vingt* avait pour refrain : « *Tout le monde veut que tout le monde l'aime, mais personne n'aime tout le monde !* » On ne pourrait pas mieux dire. Il y a forcément, dès maintenant, des gens qui ne vous aiment pas. Et alors ? Est-ce que ça vous empêche de vivre ? Et si certains

* La chanson *Cash city* était interprétée par Luc de la Rochellière.

acceptent mal votre « non », c'est que d'ores et déjà, ils ne vous aiment pas vraiment. Laissez-les tomber…

Essayez de tordre le cou à votre besoin de perfection. *Nobody's perfect,* affirmait un personnage de *Certains l'aiment chaud**, dans la dernière réplique du film. Personne n'est parfait, c'est une évidence. Chacun possède ses limites, ses défauts, ses travers… Certes, cela ne concerne pas les chats qui donnent l'impression de se penser parfaits. Du moins est-ce ainsi que, dans un réflexe anthropomorphique, nous interprétons leurs attitudes. Mais vous êtes un humain, et à ce titre, vous êtes faillible. Acceptez-le. Cela vous donnera une liberté intérieure que vous ne soupçonnez pas !

Entraînez-vous à dire « non ». D'abord, dans des circonstances qui ne tirent pas à conséquence. Entrez dans une boutique, essayez un pull qui ne vous plaît pas, et ne cédez pas aux tentatives de la vendeuse qui essaie de vous convaincre qu'il est fait pour vous. Dites « non » à des amis que vous savez compréhensifs, par exemple lorsqu'ils vous invitent à une sortie dont vous n'avez pas envie, un jour où vous ne pensez qu'à cocooner à la maison. Vous constaterez qu'ils ne vous en veulent pas (ou cela voudra dire que ce ne sont pas de vrais amis).

* Film culte de Billy Wilder, avec Marilyn Monroe, sorti en 1959.

J'ai du mal à m'accepter comme je suis

Regardez un chat qui marche nonchalamment sur un mur, ondulant avec grâce du bassin, la queue joliment dressée, observant le monde autour de lui d'un regard hautain… Il est beau et on dirait qu'il le sait ! Comme s'il était vraiment conscient de sa splendeur et de son élégance, lui qui a inspiré peintres et écrivains…

Tenez, prenez le poète Charles Baudelaire, grand amoureux des chats s'il en fut. Dans son poème *Les chats**, il écrit :

« Ils prennent, en songeant, les nobles attitudes
des grands sphinx allongés au fond des solitudes,
qui semblent s'endormir dans un rêve sans fin.
Leurs reins féconds sont pleins d'étincelles magiques,
et des parcelles d'or, ainsi qu'un sable fin,
étoilent vaguement leurs prunelles mystiques ».

Et en alexandrins s'il vous plaît !

* Ce poème, écrit en 1847, fait partie du recueil *Les fleurs du mal*, publié pour la première fois en 1957, qui contient plusieurs autres textes consacrés à cet animal. Ce livre a été réédité à de très nombreuses reprises, par exemple par les éditions Le livre de poche en 1972.

Il faut vraiment aimer les chats pour écrire de tels vers. Baudelaire les adorait au point d'en faire une de ses sources d'inspiration majeures. Pour le poète, cet animal incarne à la fois la beauté, le mystère, la sensualité, l'érotisme, le charme, la séduction… Dans son œuvre, le chat et la femme se confondent souvent. Il navigue entre l'une et l'autre, s'abreuvant ainsi à la source de la beauté éternelle.

Bon ! Allons-y doucement… Descendons un peu de ces cimes couronnées de nuages poétiques. Baudelaire avait parfois un drôle de sens de la beauté. Dans un long poème, par exemple, il décrit avec grand soin et moult détails le spectacle « enchanteur » d'une charogne grouillante de vermine qu'il rencontre au détour d'un chemin*. Il termine sa longue (et belle, avouons-le !) description en rappelant à la femme qui l'a trahi qu'elle aussi sera un jour réduite à l'état de pourriture. Mettre ainsi dans le même sac littéraire (magnifique, on vous l'accorde) une femme aimée, un chat adoré et un corps en décomposition, voilà qui relève d'un drôle de sens de la beauté !

Revenons à l'éclatante beauté des chats. L'animal semble la porter sinon comme un fardeau, du moins comme un attribut involontaire. Il ne fait rien pour être beau. Il l'est, c'est tout. Il l'assume aussi. Il s'accepte dans sa beauté et veut nous faire croire qu'il s'accepterait tout aussi bien s'il était laid. Mon œil ! Les plus grands artistes l'ont porté aux nues, il ne l'a pas

* Le poème, intitulé *Une charogne*, fait aussi partie du recueil *Les Fleurs du mal*.

oublié. Même Léonard de Vinci affirmait que « *le plus petit des félins est une œuvre d'art* ».

Au regard de ce plébiscite millénaire, nous nous sentons bien moches, nuls, nigauds même parfois. C'est un grand travers de l'humain : il a sans cesse besoin d'être rassuré sur ses qualités physiques, intellectuelles, relationnelles, professionnelles..., faute de quoi il est incapable de s'accepter comme il est. Il n'est qu'à voir l'exemple de ces top-modèles adulés par la planète entière qui se trouvent encore un petit défaut ici ou là. Elles focalisent alors sur cet infime détail (parfois fantasmatique) toute l'insatisfaction qu'elles nourrissent d'elles-mêmes.

Nous sommes très nombreux à réagir de cette manière. Il faut dire que la société nous pousse à être idéalement minces, à redouter le moindre signe annonciateur du vieillissement... La publicité nous vend des images parfaites, retouchées sur ordinateur, auxquelles nous aimerions ressembler. Pire encore : nous pensons souvent que nous devrions leur ressembler ! Le « désamour de soi » est une spirale infernale de laquelle il n'est pas facile de sortir lorsqu'elle a commencé à vous engloutir. Qu'on y glisse le petit doigt, et elle nous absorbe tout entier.

Alors, pour résister à ce maelström destructeur, on cherche à se rassurer dans le regard des autres. C'est une arme à double tranchant, car lorsque ces derniers nous renvoient une image moins positive qu'il le faudrait, tout l'édifice de notre sécurité intérieure s'écroule. Patatras ! Elle s'éparpille au sol comme un puzzle disloqué. Et il faut à nouveau remettre les pièces en place une à une, patiemment, soutenu par les regards les plus réconfortants, jusqu'à ce qu'un jugement un peu trop négatif réduise à nouveau notre belle assurance à un petit tas de cendres.

Maître chat ne connaît pas ce type de problème. Le jugement des autres glisse sur lui comme l'eau sur les plumes d'un canard. Nous devrions prendre exemple…

Dans la vie de votre chat…

Dans une petite bande dessinée humoristique, on voit un chien, son maître et, assis un peu à l'écart, le chat de la maison. L'homme demande au chien de faire le beau. L'animal obtempère et il obtient sa récompense. Très fier, il se tourne alors vers le chat et lui dit : « Tu ne sais pas faire le beau, toi ! » Celui-ci le regarde avec dédain et lui répond : « Sache que moi, on n'a pas à me demander de faire le beau. Je SUIS beau. »

Belle manière de résumer cette problématique. Enfin, le mot est mal choisi car le chat n'a aucun problème en la matière. Il possède une assurance à toute épreuve. En acier galvanisé ! Il ne prête aucune attention au jugement des autres. D'ailleurs, il n'envisage même pas la possibilité qu'un être quelconque puisse porter un jugement négatif sur lui. Quoi ? Quelqu'un pourrait ne pas apprécier ce qu'il est ou ce qu'il fait ? Impensable ! Et même si c'était le cas, cela ne l'affecterait pas le moins du monde tant il sait tirer sa propre satisfaction de lui-même.

N'allez pas croire pour autant que le chat n'est habité par aucune émotion. Il sait bien les gérer, c'est tout ! Il sait mettre à distance tout ce qui lui apparaît secondaire, pour focaliser son attention sur le plus important. À savoir lui-même et son propre désir. Dans son livre*, Joël Dehasse, notre vétérinaire psychologue, écrit : « *Parmi les émotions fondamentales, on observe chez le chat les six émotions proposées en 1872 par Darwin : la surprise, la peur, la colère, la joie, la tristesse et le dégoût. On retrouve aussi plusieurs autres émotions, que j'estime être tout aussi fondamentales : l'excitation et le désir érotique. On ne retrouve pas la honte ou la culpabilité chez le chat* ».

Vous imaginez le bonheur ? Ni honte, ni culpabilité... Ôtez ces poisons de nos existences, et immédiatement, c'est un autre monde qui s'ouvre à nous. Cela vous tente ? Dans ce domaine, vous n'égalerez jamais votre *Greluche* chérie ! Acceptez-le. Mais elle voudra bien vous faire la grâce de vous autoriser à l'observer pour vous en inspirer.

* Voir les références p. 57.

Quelques pistes pour trouver la bonne chattitude

D'abord, vous allez tordre le cou à ce poison insidieux : imaginer que penser à soi relève de l'égoïsme (ce serait toujours au détriment des autres) et que s'attribuer des qualités est révélateur de vanité. C'est tout le contraire ! C'est en pensant d'abord à vous et en étant conscient de votre valeur que vous pourrez vous ouvrir aux autres.

Votre chat l'a bien compris, lui ! Bon… Il a un peu tendance à ne s'occuper que de lui et… que de lui ! Vous n'êtes pas obligé d'aller aussi loin. Le but est seulement de vous accepter comme vous êtes et de vous aimer suffisamment pour acquérir une solide confiance en vous. Vous pourrez ensuite la mettre à profit pour distribuer joie et bonheur autour de vous. C'est pas un beau programme ça ?

QUELQUES IDÉES POUR COMMENCER…

- **Prenez conscience de vos qualités physiques.** Vous trouvez votre nez trop long ? Arrêter de vous fixer sur ce prétendu défaut (il y a sûrement des gens autour de vous qui pensent que ça vous va bien !) et cherchez un élément qui vous plaît : vos jolis yeux verts, votre belle chevelure dense… Chaque fois que vous vous surprenez à penser à cet appendice nasal qui vous dérange, efforcez-vous de revenir à une vision plus positive de vous-même en vous basant sur ces superbes attributs. →

Faites de même avec vos qualités intellectuelles, émotionnelles, relationnelles... Une méthode qui marche très bien : la liste des défauts et des qualités. Dans un petit cahier, dessinez deux colonnes. Dans celle de gauche, inscrivez ce que vous considérez comme des défauts (je suis timide, je suis jaloux(se)...). Dans celle de droite, inscrivez vos qualités (je suis bienveillant(e), je suis fidèle...). Au début, vous remplirez plus facilement la colonne de gauche. Ne vous inquiétez pas et revenez-y tous les jours. Petit à petit, la colonne de droite s'étoffera. Au besoin, faites-vous aider par des proches qui vous apprécient. Ensuite, vous pourrez vous référer à cette liste des qualités quand vous avez tendance à vous autodéprécier.

N'oubliez jamais que l'image que vous avez de vous-même est fantasmatique. Vous n'êtes pas lucide vis-à-vis de vous. Personne ne l'est ! Et si vous avez du mal à vous accepter, c'est que ce fantasme est plutôt négatif. Charge à vous de le corriger. « *Nous souffrons des limites que nous nous créons* », affirme la psychothérapeute Catherine Bensaïd*. Alors efforcez-vous de reculer ces limites.

Autorisez-vous à aimer ce que vous êtes, quelle que soit l'image que vous avez de vous. Pour cela

* Dans son livre *Aime-toi, la vie t'aimera*, publié par les éditions Pocket en 1994.

rien de tel que de prendre du temps pour soi (voir p. 85) et de chouchouter son corps (voir p. 92).

Et quand, malgré vos efforts, vous avez du mal à penser à vous de manière positive, pensez à votre chat. Il se fiche bien qu'on l'aime. Résultat : c'est l'animal le plus adulé du monde occidental !

Je ne sais pas gérer ma colère

Il y a ceux qui explosent pour un rien, vous disent pis que pendre sous le coup de l'émotion, puis le lendemain, font comme si de rien n'était. Il y a ceux qui ont la colère facile quoi que plus mesurée, mais n'admettent jamais qu'ils sont allés trop loin ou qu'ils ont fait preuve de mauvaise foi. Il y a ceux qui font le dos rond et acceptent tout, jusqu'au moment où la coupe est pleine. Ils donnent alors libre cours à leur courroux avec une outrance à la mesure de toutes les contrariétés qu'ils ont accumulées. Chacun gère sa colère comme il peut. C'est affaire de caractère et… de confiance en soi ! Encore une fois…

« *La colère est une courte folie* », disait le poète latin Horace. C'est souvent vrai, surtout chez ceux qui ont la colère aisée. La prochaine fois qu'un colérique explose près de vous, regardez-le attentivement (c'est plus facile si la colère n'est pas dirigée contre vous !) : ses traits se déforment, sa voix s'altère, son teint vire au rouge ou au blanc... Il devient sourd et aveugle à ce qui se passe autour de lui, au point qu'il a parfois l'air en proie à une crise de démence. Imaginez un chat, incarnant toute la confiance que lui confèrent sa supériorité et sa beauté, qui accepterait de se livrer à une réaction aussi vulgaire ! Ah non ! Ce ne serait pas acceptable. C'est pourquoi, quand il est contrarié, il préfère traiter l'affaire avec indifférence, voire un brin de mépris. Il sait manifester son refus sans s'énerver. Il ne perd ni son temps ni sa précieuse énergie dans un emportement inutile. Il réserve cela pour les situations qui en valent la peine. C'est-à-dire celles qui mettent en danger son territoire, voire sa vie.

Cicéron, homme politique et écrivain de la Rome antique, précisait : « *Jamais le sage ne se met en colère.* » Le chat est un grand sage, vous l'avez compris ! Dans ce domaine comme dans de nombreux autres. Certes, sa sagesse est un peu égocentrée. Mais cela lui permet de ne pas se perdre dans de vaines réactions. En revanche, lorsqu'un congénère essaie de violer son territoire, il n'y va pas de « patte morte ». Il libère toute son agressivité et tant pis pour sa belle apparence. Il soulève les babines, il crache, il sort les griffes, sa queue se gonfle, ses poils se hérissent sur son dos... Il fait preuve alors d'une saine colère, d'une ire salutaire.

Car il existe une « bonne colère ». C'est celle qui vous permet de vous affirmer lorsqu'une personne ou une situation vous agresse de manière injuste. Les grands sages (ou ceux qui jouissent d'une personnalité suffisamment placide pour ne pas se sentir facilement mis en cause) savent incarner une « force tranquille » qui leur évite tout risque d'explosion. Mais ce n'est pas le cas du *vulgum pecus*. Tout le challenge est alors de savoir se mettre en colère à bon escient, et surtout sans perdre complètement les pédales. La saine colère vous permet de mobiliser votre énergie pour dire votre fait à celui qui vous a mis en cause. Mais si vous la laissez envahir tout votre espace intérieur, elle se muera en « mauvaise colère ». Non seulement l'orage émotionnel vous fera perdre pied, mais ce que vous exprimerez à ce moment-là sera inaudible pour votre interlocuteur. Lorsqu'elle n'est pas maîtrisée, la colère brouille les messages. Et ce n'est pas le but du jeu.

La colère a un rôle à jouer dans notre économie psycho-émotionnelle, à condition que nous sachions l'identifier, l'accepter, la canaliser et l'exprimer de manière à résoudre les conflits. Et c'est possible. Mieux : cela s'apprend...

Dans la vie de votre chat...

Chez le chat comme chez l'homme, la colère génère de l'agressivité. Celle du chat est plus franche que la nôtre, car il ne s'embarrasse pas de l'effet qu'elle fera sur son ennemi de l'instant. Sur ce plan, il vaut mieux garder un peu de retenue. Pour le reste, cet animal est un grand maître de vie.

Rappelez-vous : il ne connaît pas les rapports hiérarchiques. Il ne sait donc pas retenir son courroux sous prétexte qu'il serait en face d'un dominant. Il se vit comme un « dominant planétaire ». Alors quand il ressent une contrariété, il réagit d'emblée. Heureusement, il ne se contrarie pas pour rien.

Le chat ressent les mêmes émotions que nous. Du moins les émotions primaires, universelles, dont la colère fait partie (voir p. 61). Mais il ne déclenche sa tempête belliqueuse que dans des situations bien précises. Lorsqu'une mère éduque ses chatons, par exemple, elle peut s'énerver pour leur faire prendre conscience d'un danger, ou pour les éloigner des mamelles lorsqu'elle juge qu'ils ont atteint l'âge du sevrage. Elle montre alors les signes habituels de l'agressivité féline, mais de manière atténuée. Elle veut faire passer le message, pas faire peur à ses petits.

Le chat devient également agressif lorsqu'il veut protéger son territoire, sa nourriture ou ses privilèges (notamment ceux que vous lui attribuez et auxquels il tient jalousement, malgré son apparent détachement !). Lorsqu'un chat s'annonce sur l'un des murs qui entourent notre terrasse, *Looney* n'y va pas par quatre chemins. Elle enfile tous les attributs du chat en colère, au point que cette jeune fille plutôt frêle ressemble alors à un gros matou tant elle gonfle ses poils. Pourtant, tous les chats du voisinage ne sont pas logés à la même enseigne. Certains la plongent dans une colère noire dès qu'ils montrent le bout de leurs moustaches, alors que d'autres n'ont droit qu'à sa supériorité dédaigneuse. Il n'y en a qu'un, noir comme elle mais un peu plus grand (ils se ressemblent au point qu'on les confond parfois), qui peut aller et venir à sa guise sur son territoire. Pourquoi ? Mystère et boule de gomme. Elle détient la réponse à cette question, mais elle la garde jalousement pour elle. À moins que nous soyons trop bêtes, aveugles et sourds pour comprendre les explications qu'elle a tenté de nous donner.

Ainsi le chat ne se met jamais en colère pour des raisons futiles. Il faut que l'on touche à ses besoins vitaux pour qu'il prenne la mouche. Mais n'allez pas confondre cette agressivité liée à la contrariété ou à la protection du territoire avec celle qu'il développe quand il chasse. Dans ce cas, c'est son instinct de prédateur qui se réveille. Même les chats les plus domestiqués conservent en eux cette capacité. Parfois, d'ailleurs, ils peuvent la manifester envers leur maître qui devient la cible d'une réaction motivée par tout autre chose. Les spécialistes du comportement animal parlent d'« agressivité redirigée ». En la matière, c'est souvent un problème de nourriture qui déclenche la colère du chat : sa gamelle est vide et vous ne l'avez pas remplie. Alors c'est à vous qu'il s'adresse pour résoudre le problème.

Enfin, votre chat peut parfois vous agresser parce qu'il a besoin de… jouer ! Quoi, vous trouvez ça exagéré ? Mais pour lui, le jeu fait partie des besoins vitaux au même titre que le sommeil ou la toilette.

Alors quand il vit en intérieur et qu'il ne sait pas avec quoi jouer, il attend de vous que vous fassiez l'animateur. Vous devenez l'organisateur de ses loisirs, comme s'il vivait dans un club de vacances. Si vous tardez trop à répondre à son désir, il peut vous mordiller les mollets ou les orteils, voire sortir les griffes. Ne croyez pas que cela lui fasse plaisir. Mais quand vous vous obstinez à ne pas comprendre, il faut bien qu'il emploie les grands moyens !

Quelques pistes pour trouver la bonne chattitude

Résumons : la bonne colère repose sur des motivations sérieuses et doit rester mesurée pour atteindre son but. Encore faut-il savoir ce qui la sous-tend. Avez-vous juste envie d'exploser pour vous libérer d'une pression intérieure, ou désirez-vous taper du poing sur la table pour résoudre un conflit ? Dans le premier cas, vous vous fichez bien que votre interlocuteur (voire votre victime !) comprenne la raison de votre colère. Dans le second, vous cherchez à faire passer un message avec force et détermination. La saine colère relève de la seconde situation.

Le chat reste toujours dans la bonne colère : il veut exprimer un besoin ou défendre son territoire. Il n'y va pas avec le dos de la cuillère avec les intrus, mais il sait moduler l'expression de son courroux lorsque c'est nécessaire (avec ses petits ou avec vous). C'est là qu'il a des leçons à vous donner.

QUELQUES IDÉES POUR COMMENCER…

Commencez par accepter votre « droit à la colère ». Si vous la réprimez, vous finirez par exploser avec une violence hors de proportion avec la situation.

Essayez d'exprimer votre mauvaise humeur de manière sereine tant que c'est encore possible. Ainsi, vous conserverez l'arme de la colère pour les moments où les autres ne veulent vraiment pas vous entendre. Imitez votre chat lorsqu'il veut jouer et que vous refusez de vous occuper de lui. Pffff ! Comme si vos autres occupations avaient la moindre importance face à cette urgence !

Apprenez à faire le calme en vous lorsque vous sentez monter la colère. Pas pour la neutraliser complètement, juste pour conserver la capacité à l'exprimer avec une juste mesure. La respiration constitue une arme de choix en la matière, nous l'avons déjà dit. Un exemple de respiration apaisante (il y en a beaucoup) : respirez « en carré ». Tranquillement, profondément, inspirez en comptant jusqu'à 4 (ou 6). Retenez votre souffle, poumons pleins, pendant le même laps de temps. Expirez sur le même rythme. Enfin, bloquez votre souffle, poumons vides, pendant la même durée. Répétez ces quatre phases pendant deux ou trois minutes. Facile et très efficace.

→

Optez pour le « disque rayé », pas pour la « sono à fond ». Pour exprimer votre message avec force, il ne sert à rien de hurler. Mieux vaut répéter inlassablement ce que vous avez à dire, avec détermination mais sans trop donner de la voix. Vous éviterez ainsi de heurter votre interlocuteur et de le fermer à toute communication.

Méfiez-vous des raisonnements que vous opérez sous le coup de la colère. Attendez que l'orage se calme pour y repenser paisiblement. « *La colère est mauvaise conseillère* », affirme le dicton populaire. Le chat ne connaît pas ce problème, car sa colère se calme dès qu'il a résolu la situation. Il ne ressasse pas. Essayez de faire comme lui. La rumination post-colère n'est jamais une bonne solution.

Lorsque vous laissez éclater votre colère, exprimez-vous toujours à la première personne. Ne perdez pas de vue que votre colère est un moyen de faire passer votre message. Ne parlez pas « sur l'autre ». Exprimez votre propre ressenti. Ne dites pas « tu m'as fait mal », mais plutôt « j'ai mal ». Évitez les jugements intempestifs. Vous éviterez ainsi toute escalade aux effets délétères.

Je prends tout trop au sérieux

Rappelez-vous, lorsque vous étiez enfant. Vous étiez comme un chat, toujours prêt à jouer. Il vous fallait de gros efforts pour renoncer à ce plaisir et plonger le nez dans vos devoirs. Vous vous pliiez de mauvaise grâce à cette obligation (vos parents devaient vous appeler plusieurs fois avant que vous consentiez à leur obéir), mais dès que vous aviez appris votre leçon de géo ou résolu votre problème de math, vous retourniez à ce qui restait votre activité préférée : le jeu.

Que reste-t-il aujourd'hui de cette belle insouciance ? Pas grand-chose, sans doute. Elle s'est dissoute sous les coups de boutoir de la vie. Pourtant, l'enfant que vous étiez sommeille encore quelque part en vous. Il ne disparaît jamais totalement. Il attend avec impatience que vous lui laissiez un peu d'espace pour surgir. Hélas, c'est bien là que le bât blesse. Car les adultes ont peur de perdre leur sérieux comme si cet enfant intérieur, toujours prêt à s'amuser, risquait de mettre en péril leur capacité à gérer les petits problèmes quotidiens et les grands soucis de l'existence.

Une fois encore : regardez votre chat ! Il s'amuse comme un fou avec une pelote de laine, activité on ne peut plus futile mais qui semble le ravir. Et puis voilà que d'une seconde sur l'autre, il se désintéresse du jeu pour s'en aller poursuivre un oiseau qu'il a aperçu par l'entrebâillement de la fenêtre. Il passe de l'agréable à l'utile avec une facilité déconcertante, sans que le premier nuise une seule seconde au second.

Mieux : les spécialistes en comportement animal affirment que la chasse, qui constitue tout de même l'activité la plus « sérieuse » du chat, appartient pour lui au domaine du jeu. Alors que nous mettons de la gravité dans les comportements les plus ludiques (il faut absolument gagner le match de tennis ou la partie de tarot !), ils instillent du jeu dans leur activité la plus sérieuse. Il suffit de regarder un chat qui vient d'attraper une souris : il la garde entre ses pattes, la laisse s'échapper un instant, la récupère, la titille... Il sait qu'au bout du compte, il la dévorera probablement (parfois, une petite futée se sauve, mais c'est rare !). Ça ne l'empêche pas de s'amuser, même si nous trouvons ça un brin cruel.

« *Jouer, défier, jouir... Trois verbes qui me poignent l'âme ; trois fringales qui ne cessent de m'inspirer* », écrit Alexandre jardin dans son livre *Mes trois zèbres**. Celui-là doit aimer les chats ! Car ces trois verbes s'appliquent parfaitement à l'attitude de notre petit félin préféré face à la vie. Bon... ne nous emballons pas ! Une fois encore, les chats mettent la barre très haut. Mais nous pouvons tout de même faire entrer un peu

* Ce livre a été publié aux éditions Le livre de poche, en 2015.

plus de fantaisie dans nos vies. Même si certaines situations demandent du sérieux, ce n'est pas une raison pour ne pas s'autoriser un peu de frivolité et de récréation dans les moments moins empreints de gravité.

Nous disposons pour cela d'une arme infaillible : la curiosité. Les chats restent toujours curieux. Il suffit qu'un bruit les distraie ou qu'un rayon de lumière jaillisse de derrière un nuage, et sur l'instant, ils cherchent à savoir de quoi il s'agit. Alors que nous, humains, restons le plus souvent le nez rivé à notre guidon ! Mauvaise idée, car même lorsque nous devons résoudre une situation complexe, l'irruption de l'inconnu nous aide à en venir à bout plus sûrement que la réflexion permanente. Allez, mettez un peu de fantaisie dans votre vie. Vous ne perdrez rien, au contraire. Vous gagnerez en imagination et en inventivité, lesquelles sont toujours de bonnes conseillères.

Dans la vie de votre chat...

Les chats sauvages et les chats harets laissent moins de place au jeu que les chats domestiques. Ces derniers (chanceux qu'ils sont !) peuvent donner libre cours à leur goût pour les activités ludiques. Pour eux, le jeu est un outil de plaisir, mais aussi d'apprentissage. Les chattes apprennent la vie à leurs chatons en les faisant jouer. Ce qui ne les empêche pas de poser des limites fermes lorsque c'est nécessaire. Mais la plupart du temps, elles s'amusent avec leurs petits.

Devenu adulte, le chat conserve une capacité de jeu presque illimité. Il peut jouer seul (il n'a pas forcément besoin d'un partenaire), avec un jouet, une ficelle, et même avec sa queue quand il n'a rien d'autre sous la patte. Parfois, il a son « quart d'heure de folie » : il court dans tous les sens, grimpe aux rideaux, saute sur les meubles... Encore une manière de jouer. Mais il apprécie aussi les interactions avec les humains. Si le chaton joue pour apprendre et assurer sa survie, le chat adulte s'amuse pour renforcer les liens avec les humains qu'il abrite sous son toit. Vous voyez, il n'est pas toujours aussi égocentrique que vous le pensez !

Si vous désirez jouer avec lui, il vous faudra tout de même respecter certaines règles, notamment celles liées à son territoire. Si votre *Mitsou* joue avec une pelote de laine et que vous prenez la peine d'agiter le fil devant lui, il vous acceptera dans son champ d'activité... Un temps, du moins. Mais si vous osez violer son espace pour jouer avec lui lorsqu'il mange, ce sera une autre histoire. Cela dit, on peut le comprendre. Verriez-vous d'un bon œil qu'un « autre » grimpe sur la table pour manger dans votre assiette ? Non, bien sûr. Et lui non plus !

Le jeu lui sert aussi de stimulation physique. Il s'entraîne ! Mais au lieu de le faire dans la souffrance de l'effort, il le fait dans le plaisir de l'amusement. Des chercheurs ont essayé de mesurer le temps que les chats consacrent chaque jour à leurs activités ludiques. Résultat : tout dépend du chat ! Ce qui ne nous avance guère. Cependant, des grandes tendances se dessinent : dans leur immense majorité, ils jouent plus d'une demi-heure par jour. Nous avons du chemin à parcourir pour les égaler…

Quelques pistes pour trouver la bonne chattitude

Le chat ignore l'ennui (voir p. 95). La curiosité est pour lui un trait de caractère majeur. Il la met en œuvre aussi bien dans ses activités sérieuses que dans ses moments de folie. C'est un moteur essentiel de son organisation mentale. « *La curiosité est la mère de l'observation* », disait Honoré de Balzac. Le chat le sait ! Il nous reste à le découvrir et à l'expérimenter…

Pour cela, il suffit que vous laissiez un peu d'espace à votre enfant intérieur. N'ayez pas peur de lui, il ne détruira pas l'adulte que vous êtes devenu. Il ne prendra pas le pas sur les autres dimensions de votre personnalité. Au contraire ! Au besoin, il vous aidera à les réunir lorsque vous vous sentez éparpillé par la pression de l'existence. En plus, sa propension à la légèreté vous aidera à éviter bien des conflits inutiles. Rappelez-vous que le chat ne se met en colère que dans les situations où l'agressivité est indispensable (voir p. 123). Alors accueillez votre insouciance avec les bras grands ouverts. Elle ne vous veut que du bien…

QUELQUES IDÉES POUR COMMENCER…

- **Hiérarchisez les situations.** Toutes n'exigent pas de vous le même sérieux. Commencez par insuffler de la légèreté dans les moments qui vous le permettent, histoire de vous entraîner. Peu à peu, en lâchant la pression, vous ouvrirez la porte à une forme de simplicité et vous arrêterez de vous prendre la tête pour un rien.

- **Souriez ! Vous êtes dans la panade ? Souriez quand même.** Des recherches en neurosciences ont montré que le fait de sourire « à la demande » stimule les mêmes régions du cerveau que le vrai sourire motivé par une situation drôle ou agréable. Alors lorsque vous êtes énervé, souriez.

- **N'ayez pas peur de devenir infantile en laissant s'exprimer l'enfant qui vit en vous.** Vous êtes devenu adulte, et vous n'y pouvez rien changer. Mais cet adulte sera d'autant plus épanoui que vous laisserez vivre l'enfant que vous avez été.

Transformez en jeu les situations ennuyeuses. Faites marcher votre imagination. Vous devez assister à une réunion qui vous ennuie ? Au lieu de ronchonner, faites intérieurement des paris. Juste pour vous amuser. Essayez de deviner qui prendra la parole en premier, qui s'énervera, qui n'ouvrira pas la bouche... Cela vous forcera à considérer la situation avec un œil nouveau.

Accordez-vous au moins une demi-heure de légèreté par jour. Comme un entraînement, un apprentissage.

Et surtout, jouez, jouez, jouez... Remettez à l'honneur les parties de cartes entre copains, les jeux de société en famille... Mais pas pour gagner, hein ? Juste pour jouer ! L'envie de vaincre relève d'un désir de domination et génère du stress. Entendons-nous bien : le désir de gagner n'est pas mauvais en soi. Il peut se révéler utile lorsque l'on désire muscler sa confiance et ses capacités d'affirmation. Mais ici, ce qui est en jeu, c'est votre légèreté. Il s'agit de vous amuser, c'est tout !

Je n'écoute pas assez mon intuition

Certaines personnes ressentent les situations d'une manière qui vous est inconnue et vous leur enviez cette capacité. Elles semblent branchées sur une dimension cachée qui vous est étrangère. Elles ont de l'intuition ! Lorsqu'elles doivent effectuer un choix, elles hésitent un peu (sans se perdre dans des tergiversations inutiles), puis prennent leur décision comme si elles « sentaient » la meilleure voie pour elles, alors que vous avez l'impression de vous « vautrer » régulièrement en empruntant les mauvais chemins.

Vous aimerez bien avoir davantage d'intuition ? Premier élément à prendre en compte : vous en avez, vous aussi ! Vous ne parvenez pas à l'utiliser comme votre amie Céline ou

votre copain Johann, c'est tout. L'intuition relève d'une forme d'apprentissage. Elle se fonde sur la capacité à percevoir les infimes signes qui nous bombardent en permanence, ceux-là même que les intuitifs reçoivent même s'ils ne s'en aperçoivent pas vraiment. L'intuition procède d'une ouverture au monde et à l'autre. Et cela s'apprend !

Prenez votre chat : même quand il est tout entier absorbé dans une situation, il ne perd jamais totalement de vue ce qui se passe autour de lui. Il est ouvert au monde. Bon ! On vous voit venir... Et les chats qui sursautent lorsqu'ils aperçoivent un concombre, alors ? C'est la limite de leur « extra-lucidité ». Mais pour cela, encore faut-il que vous placiez le légume derrière lui (il ne peut pas le voir) et que vous le fassiez avec une extrême discrétion (il ne peut ni vous entendre, si sentir votre présence). Ce qui n'est pas si facile. C'est pour cette raison que le coup du concombre ne fonctionne pas à tous les coups (voir p. 31).

On a longtemps qualifié l'intuition de 6e sens. Il faudrait plutôt parler de 7e sens. La science a identifié un 6e sens beaucoup plus physique et pragmatique : la proprioception. C'est l'ensemble des messages que nous envoie une série de capteurs internes pour nous permettre de nous tenir droit, de marcher, de courir... sans avoir à y penser. Lorsque la nuit, dans le noir le plus complet, vous grattez votre front à l'endroit précis qui vous démange, ce ne sont pas vos sens habituels (notamment la vue) qui sont en action. C'est votre proprioception. Sur ce terrain, le chat est imbattable. Lorsqu'il tombe de haut, c'est cette faculté qui lui permet de se positionner pendant sa chute de manière à arriver au sol sur ses quatre pattes.

Souvent, les personnes qui ont de l'intuition sont aussi celles qui disposent d'une proprioception efficace. Car l'une et l'autre sont liées à notre manière d'habiter notre corps dans l'espace, en repérant avec une grande acuité nos sensations corporelles (les messages qui viennent de l'intérieur) et nos perceptions sensorielles (les informations qui émanent de l'extérieur).

Pour « muscler » votre intuition et votre proprioception, vous allez devoir apprendre à faire taire votre mental de temps en temps. Vous savez, ce petit vélo qui tourne et tourne encore dans votre tête sans jamais s'arrêter... Notre capacité à penser, réfléchir, évaluer les situations et prendre des décisions fait partie de notre supériorité par rapport aux animaux, même aux chats (si, si...). Mais cet avantage peut se muer en inconvénient si nous nous livrons pieds et poings liés à la rumination mentale. Les chats deviennent alors supérieurs à nous, car leurs perceptions internes et externes ne sont jamais polluées par le ronronnement incessant des pensées. Ils seraient bien en peine !

Pour développer votre intuition, vous devez donc apprendre à faire le vide dans votre tête. Pas tout le temps, bien sûr, mais de temps en temps de manière à laisser émerger en vous ce que vous dictent toutes vos sensations internes et vos perceptions externes.

Dans la vie de votre chat…

Nous vous avons déjà parlé d'*Oscar,* ce chat qui pressent la mort prochaine des personnes âgées ou malades (voir p. 18). Comment fait-il ? Il perçoit certainement, grâce à sa sensorialité beaucoup plus développée que la nôtre, des signaux qui n'effleurent même pas les soignants de la maison de retraite. Une autre histoire troublante : Myriam, une jeune libraire épileptique, raconte comment son chat la prévient de l'imminence des crises. *Zorro,* c'est son nom, se précipite alors vers elle et ne la lâche pas d'une semelle, ce qu'il ne fait pas le reste du temps. Interrogés, des spécialistes du comportement animal évoquent des odeurs émises par les personnes concernées (imperceptibles pour nous) qui préviennent l'animal de ce qui s'annonce.

On parle même de « chats médiums » pour désigner ces animaux qui prévoient les situations ou ceux qui savent retrouver leur chemin, parfois sur des centaines de kilomètres, pour retrouver leur maître adoré. Leur sens de l'orientation doit alors être nourri par des perceptions sensorielles spécifiques, probablement olfactives.

Reste une dimension intuitive que les possesseurs de chats connaissent bien : leur capacité à prévoir la météo. Celle-ci n'a pas été confirmée par la science comportementale. Pourtant, c'est bien connu, les chats sont doués pour prévoir les phénomènes naturels. Il ronronne bizarrement, se frotte le museau, cligne des yeux, devient anormalement nerveux, fait sa toilette de manière obsessionnelle… Chaque maître interprète ces

signes en fonction de leur récurrence et des événements météorologiques qui suivent : pluie, orage, vent, tempête...

Certains comportements sont pourtant avérés. Ainsi, à l'approche d'un coup de vent, la fourrure du chat se charge en électricité. Les minuscules décharges qu'il ressent l'énervent, et il se met à courir ou à se faire les griffes de manière frénétique. Certains affirment même que les chats ressentent les prémices des secousses sismiques, ce qui leur permet de « prévoir » les tremblements de terre.

Quelles que soient les capacités médiumniques que vous attribuez à votre chat, c'est votre interprétation qui déterminera le message qu'il est censé vous adresser. Alors mieux vaut être armé d'une solide intuition pour ne pas vous tromper !

Quelques pistes pour trouver la bonne chattitude

Des chercheurs en neurosciences ont confirmé l'existence de ce que nous appelons l'intuition, et qui n'est selon eux qu'une autre manière de recevoir et traiter les informations. Des chercheurs japonais du *Riken Brain Science Institute* ont étudié l'activité cérébrale de joueurs de shogi, un jeu proche des échecs qui demande une bonne capacité stratégique. Ils ont remarqué que la pensée analytique (lorsqu'ils réfléchissent) et la pensée intuitive (lorsqu'ils agissent sans réfléchir) activent des régions différentes du cerveau. Ils affirment donc avoir trouvé le siège de l'intuition : une zone située dans le noyau caudé* qui « s'allume » lorsqu'ils balaient rapidement les informations pour réagir sans réfléchir. Bon ! Cela ne vous avance pas beaucoup. Mais vous pouvez être rassuré par le fait que votre cerveau est bel et bien équipé pour gérer les réactions intuitives.

Pour cultiver cette capacité innée, la solution la plus simple est, avant tout, de revenir à vos sensations corporelles. Celles, justement, que nous avons tendance à oublier. C'est le meilleur moyen de couper court au fonctionnement mental. Ensuite, peu à peu, vous apprendrez à laisser émerger toutes les informations venant de l'environnement que vous ne remarquez pas consciemment, mais que votre cerveau reçoit. Un exemple : vous prenez toujours le même chemin en rentrant du bureau. C'est votre routine. Si, un jour, un chat traverse devant vous ou qu'un petit carré de travaux de voirie vous oblige à faire un léger détour, vous ne le remarquerez sans doute pas. Pourtant, votre cerveau l'aura enregistré. Dans ce cas, cela ne vous servira à rien, on vous l'accorde ! Mais une autre fois sans doute...

* C'est une petite zone située au centre de l'encéphale.

QUELQUES IDÉES POUR COMMENCER...

Commencez par faire confiance à votre intuition. SI vous ne vous reconnaissez pas cette faculté, vous ne pourrez pas la laisser émerger.

Apprenez à faire le silence en vous. Pour diminuer le flux des pensées, pratiquez une technique de relaxation ou de méditation. Ou, plus simplement, faites des exercices respiratoires en vous focalisant sur les sensations corporelles de votre souffle. Tout simple, mais efficace !

Gérez votre stress. Quand vous êtes tendu, obsédé par un problème, vous ne recevez plus les milliers de messages que vous envoie votre environnement. Votre chat n'est que très rarement stressé, lui, ce qui lui permet de rester ouvert. Imitez-le !

Renouez avec vos sensations corporelles. Nous vous l'avons déjà dit... Prenez un petit quart d'heure, chaque soir, dans votre lit, avant de vous endormir, pour explorer les messages que votre corps vous envoie. C'est un entraînement.

Faites de temps en temps une méditation sur les bruits. Assis confortablement, de préférence à l'extérieur (dans un parc, sur une plage...). Fermez les yeux et respirez calmement. Puis focalisez votre attention sur tous les bruits, même infimes, que vous percevez. Histoire de vous rebrancher sur toutes ces informations qui, d'ordinaire, vous échappent. Votre chat sait le faire en toutes circonstances. Pourquoi pas vous ?

Écoutez la nature et ce qu'elle vous murmure. Au cours d'une balade, enlacez un arbre, marchez pieds nus dans le sable, allongez-vous le nez dans l'herbe… Et concentrez-vous sur vos sensations.

Quand vous entendez votre « petite voix intérieure », ne la faites pas taire. Ne lui opposez pas des arguments du type « c'est ridicule » ou « ça ne repose sur rien ». Entraînez-vous à l'entendre, sinon à l'écouter.

Je ne sais profiter de l'instant présent

Ah ! Cet instant présent qui nous file entre les doigts au point que nous ne parvenons jamais à le saisir vraiment… Le présent, c'est une charnière entre le passé, que nous avons tendance à ressasser, et le futur, sur lequel nous fantasmons sans savoir ce qu'il nous réserve. Nous naviguons ainsi en permanence entre un passé irrémédiablement révolu et un futur par essence inconnu. Au passage, nous oublions de vivre au présent. Dommage ! Car c'est au présent que nous agissons et que nous ressentons. C'est le seul « temps » sur lequel nous avons prise et qui possède une véritable réalité.

Les innombrables fils formant la trame de notre passé ont leur importance, bien sûr. Ce sont eux qui tissent notre personnalité présente, celle à partir de laquelle nous construisons progressivement notre futur. Le temps est donc un continuum. Mais la seule « fenêtre » à travers laquelle nous pouvons intervenir, c'est ce fameux instant présent. Diable ! Le créneau est serré ! Mais nous n'avons pas le choix.

Nous ne pouvons pas transformer notre passé. Il est ce qu'il est… Encore que… Le psychiatre américain Maxie Maultsby n'est pas tout à fait d'accord. Il invite ses patients angoissés ou déprimés par des événements douloureux à « récrire leur passé ». Bizarre, dites-vous ? Pas tant que ça ! Car il leur propose d'agir de manière positive et bénéfique au présent, afin que cet élément vienne s'inscrire dans la toile de leur passé. Ainsi, leur histoire s'enrichit de ce qu'ils font jour après jour. Et leur futur s'en trouve amélioré, puisque le spectre des douleurs anciennes se dissout progressivement dans ce passé réinventé.

Les chats ne connaissent pas cette fuite du temps. Pour eux, la vie n'est qu'un éternel présent, une collection d'instants qui se suivent sans jamais former un film homogène. S'ils peignaient, les chats seraient pointillistes ! Chanceux qu'ils sont… Ils échappent ainsi aux pièges dans lesquels nous tombons si facilement. « *Le chat ronronne dans le présent* », écrivait Paul Morand*. « *Le chat est toujours dans aujourd'hui… Le chat mijote et ne bout jamais. Le chat est un animal concentré, un poêle à combustion lente.* » On ne saurait mieux dire. En s'impliquant totalement dans l'instant présent, jusqu'au moindre de ses poils, jusqu'au bout de ses moustaches, le chat se rend disponible à la fois à son activité (jouer, manger, dormir…), et aux moindres informations qui peuvent faire irruption dans sa vie (un bruit, un mouvement, une odeur…).

Les chats échappent ainsi à toute forme de tension, de pression, de stress… Ce qui n'est pas notre cas, vous le savez. À force d'avoir un œil fixé sur hier et l'autre sur demain, nous finissons par loucher ! Et ce strabisme divergent ne nous aide pas à regarder le présent avec sérénité. D'autant qu'à l'échelle de notre perception, le présent n'existe pas. À peine est-il apparu qu'il a déjà disparu. Impossible de se souvenir du présent. Lorsque nous tentons de le faire, c'est que ce moment fait déjà partie du passé. Nous ne pouvons pas davantage projeter le présent, car il se transforme alors en futur. Ce présent si important, c'est rien et tout à la fois.

La chose est entendue : faisons comme les chats. Agissons instant après instant sans nous prendre la tête. Plus facile à dire qu'à faire ! À moins de revenir au corps. Notre pensée nous glisse entre les doigts, pas notre corps. Il est solide, le

* Cet écrivain, diplomate et académicien français est notamment l'auteur de *L'homme pressé*, publié par les éditions Gallimard en 1941. L'ouvrage a été réédité en 1990.

bougre. Il ne nous trahit pas. Il ne nous ment pas. Il constitue la pierre angulaire sur laquelle nous pouvons nous appuyer pour ne pas perdre de vue ce présent riche de tous les possibles.

Dans la vie de votre chat…

Avez-vous déjà observé un chat qui chasse ? D'abord, il localise sa proie, ce qui lui demande parfois un long travail de recherche visuelle et olfactive. Une fois qu'il l'a trouvée, il met en place des manœuvres d'approche d'une grande discrétion : il s'aplatit pour observer sans être vu, il bouge de manière furtive pour ne pas être repéré, il s'approche… Enfin, lorsque la situation lui semble optimale, il bondit et saisit sa proie. Tout cela, il le fait dans un état de concentration extrême. Il est tout entier investi dans chaque instant de sa chasse.

Les chats agissent de la même manière, qu'il s'agisse de se procurer leur pitance, de s'amuser, de dormir, de courir, de surveiller son territoire, de se protéger contre un éventuel congénère... Comment font-ils ? Ils sont aidés par un rapport au temps très différent du nôtre. Les chats ont de la mémoire (voir p. 63), mais celle-ci est au service exclusif de leur bien-être. Ils sont capables de se projeter dans le futur, mais seulement pour mener à bien une activité qui leur fait plaisir ou répond à un besoin. Revenons à notre chat chasseur. Lorsqu'il a aperçu sa souris en train de courir dans les herbes du jardin, il a su que s'il faisait ce qu'il faut, il allait la croquer. Besoin, plaisir et instinct se confondent dans cette projection immédiate. Mais au-delà de ce court terme, le chat n'a pas conscience de son futur. Pratique pour vivre dans l'instant présent ! Ce n'est pas du jeu...

Comme l'explique encore le vétérinaire psychologue Joël Dehasse* : « *Le futur n'existe pas pour lui. Demain n'existe pas. Le chat n'a pas de projets à long terme.* » N'allez pas croire pour autant qu'il n'a pas conscience du passé. « *Il ne le ressasse pas* », poursuit le spécialiste, « *mais il évite les contextes qui ont causé du déplaisir dans le passé et il recherche les contextes qui ont activé des sensations de plaisir.* »

Le chat ne sait pas ressasser ce qu'il a vécu, alors que c'est un travers très courant chez nous, humains. Nous en reparlerons. Pour l'heure, essayez de vous concentrer aussi souvent que possible sur l'instant présent. Cela vous aidera à court-circuiter

* Dans son livre *Tout sur la psychologie du chat*. Voir les références p. 57.

les pensées parasites, à cesser les ruminations mentales, et à développer votre sensorialité. Un beau programme !

Quelques pistes pour trouver la bonne chattitude

« *Plus tard c'est le futur, et maintenant c'est le présent. En vertu de quoi je m'occuperai de plus tard quand il sera devenu maintenant* », écrivait Frédéric Dard*. Premier conseil avisé d'un sage iconoclaste : inutile de trop vous préoccuper de demain. Quant au passé, laissez-le où il est ! Un autre sage, plus ancien celui-là, affirmait : « *Le présent est court, le futur incertain, seul le passé est assuré.* » C'est vrai, mon cher Sénèque** ! Raison de plus pour lui ficher la paix.

Si la focalisation sur l'instant présent relève, chez le chat, d'une réaction instinctive et naturelle, chez l'humain, elle demande des efforts. Car nous pensons ! Nous sommes capables de nous projeter dans le passé et dans le futur. Pas de chance ! Enfin... pas tout à fait. Il y a nombre de situations où cela nous est fort utile. Nous n'allons pas commencer à remettre en question ce qui fait notre supériorité par rapport aux animaux. Mais ce n'est pas une raison pour ne pas essayer de les imiter quand cela peut nous faciliter la vie.

* Dans *Poisson d'avril, ou la vie sexuelle de Lili pute* publié en 1985 et réédité par les éditions Pocket en 2016.
** Cette citation est extraite de son recueil *De la brièveté de la vie*, écrit vers 49 de notre ère. L'ouvrage a été réédité par les éditions Mille et une nuits en 1998.

QUELQUES IDÉES POUR COMMENCER…

Le corps, le corps, le corps… Vous pouvez compter sur lui pour vous ramener au présent. Alors, à la moindre occasion, concentrez-vous sur vos sensations corporelles. Elles ne vous mentiront jamais.

Pratiquez le yoga, le tai-chi, le qi gong… Toutes ces disciplines font intervenir la respiration (le souffle, c'est notre lien essentiel avec l'instant présent) et la concentration. Un excellent entraînement.

Initiez-vous à une activité créative. Malaxez la terre, barbouillez des couleurs sur une toile, faites courir des fusains sur une feuille de papier à dessin… Investissez-vous complètement dans ce que vous faites, sans attendre de résultat. Ne créez par pour que votre œuvre soit belle ou que les autres vous félicitent. Faites-le pour expérimenter vos sensations de l'instant.

À la maison, mettez de la musique et dansez ! Seul(e), en famille, entre amis… Dansez sans penser à vos gestes, juste en laissant aller votre corps sur le rythme. Laissez tomber l'idée du jugement des autres. On s'en fiche !

→

Jardinez, plantez, binez, bêchez, désherbez… Vous n'avez pas de jardin ? Cultivez quelques jardinières sur votre terrasse, votre balcon, voire le rebord d'une fenêtre. Le contact avec la terre nourricière et la concentration sur chaque geste vous ramèneront à ce présent si difficile à saisir.

Dégustez avec soin tout ce que vous mangez. Nos papilles gustatives sont d'une incroyable finesse. Elles nous envoient des milliers de messages sensoriels. Ne pensez pas que cette dégustation soit réservée aux plats fins des grands maîtres queux. Même le repas le plus banal peut être avalé en vitesse ou lentement savouré, les yeux fermés, en y accordant toute l'attention que mérite votre équipement gustatif. Vous avez entendu parler de ces restaurants où l'on prend son repas dans le noir ? En neutralisant un sens, on décuple les autres. Essayez…

Je ne vais jamais au bout de ce que j'entreprends

Polo, notre chatte fileuse de bas, avait un sens aigu de sa supériorité. Elle la manifestait de diverses manières, notamment en allant se percher sur les meubles les plus hauts de la maison. Le salon abritait une vieille armoire bretonne sur laquelle elle avait du mal à grimper. Elle devait ajuster son saut avec précision pour ne pas s'affaler sur le tapis posé juste devant. Impossible de compter le nombre de tentatives ratées. Elle a dû parfois se faire mal en tombant, mais ça ne l'a pas découragée. Elle a continué à essayer jusqu'à trouver la solution. *Squatt,* de son côté, chassait sans relâche des hirondelles qui ont toujours échappé à ses tentatives (voir p. 10). Ces échecs ne l'ont ni affecté ni déprimé.

Lorsqu'elle voit passer derrière les pots de la terrasse l'un de ces geckos qui nichent l'été dans les fissures des murs, notre petite *Looney* frétille des moustaches. Elle peut passer des heures à guetter, glisser une patte dans les interstices, renifler… Toujours au même endroit. Elle a l'air certaine qu'un jour, elle arrivera à en croquer un. Jusqu'ici, ces petits reptiles dont on dit qu'ils portent bonheur lui ont toujours échappé. Mais sait-on jamais…

Vos chats font sans doute preuve de la même obstination. Ces animaux semblent insensibles à l'échec. Ils essaient et essaient encore… Du moins, tant qu'ils en ont envie. Ils sont, à ce titre, très différents de nous. L'échec fait partie de nos vies, mais nous avons du mal à en faire un élément normal de l'apprentissage. Nous avons peur de nous tromper, de mal faire, de rater… Car nous n'arrivons pas à nous défaire de l'angoisse d'être mal jugé. Avec en toile de fond, une fois encore, notre peur de ne pas être aimé. Alors nous abandonnons en cours de route les leçons de guitare auxquelles nous rêvions depuis des années (je ne serai jamais un grand musicien), la peinture du salon dont nous ne terminerons jamais les finitions (le bricolage, ce n'est décidément pas pour moi), ou ce gros pavé littéraire que nous ne finirons jamais (je ne suis pas assez cultivé pour apprécier ça).

Pourtant, « *l'échec est le début de la réussite* » écrit le cinéaste Claude Lelouch dans les dialogues de son film *Itinéraire d'un enfant gâté**. Les praticiens en développement personnel, toutes disciplines confondues, le martèlent depuis trois décennies : si l'on n'échoue pas, on n'avance pas ! La journaliste Catherine Rambert** l'affirme elle aussi, de manière plus détaillée : « *Après un échec, il convient d'en tirer une leçon. Pourquoi n'y suis-je pas arrivé ? Qu'est-ce qui ne va pas dans mon comportement ? Que puis-je faire pour y remédier ? Est-ce que je m'y prends bien ? Autant de questions nécessaires à sa progression personnelle. Si l'on occulte cette introspection, on s'expose à renouveler ses erreurs et à se débattre éternellement dans les mêmes problèmes.* »

On se trompe, on échoue, on apprend de ses échecs et de ses erreurs, on recommence... Et peu à peu se dessine devant nous le chemin de la réussite. Personne n'y échappe. S'il ne

---

* Film écrit et réalisé par Claude Lelouch, sorti sur les écrans en 1988 avec Jean-Paul Belmondo dans le rôle principal.
** Dans son livre *Petite philosophie du matin,* publié par les éditions Le livre de poche en 2007.

tombait pas lorsqu'il apprend à marcher, le petit enfant ne parviendrait pas à acquérir le réflexe qui consiste à mettre un pied devant l'autre pour avancer tout en maintenant son équilibre. Il pourrait renoncer devant la difficulté, mais il n'en est rien. Il continue… Nous sommes tous passés par là ! Pourtant, nous l'oublions au fil des années pour peu que nous ne parvenions pas à nous construire une confiance en soi assez solide.

Le chat n'échoue pas à atteindre son but, il y travaille. Lorsqu'il peut améliorer sa tactique, il le fait. Lorsqu'il n'entraperçoit aucune possibilité de progrès, il continue tout de même… Juste pour le plaisir. À condition, bien sûr, que l'idée d'attraper sa souris ou d'atteindre le haut de l'armoire continue à titiller son attention. Lorsqu'il abandonne, c'est juste parce qu'autre chose suscite son intérêt. C'est tout simple ! Charge à nous de prendre exemple sur cette grande sagesse instinctive.

Dans la vie de votre chat…

« *La folie,* disait le grand physicien Albert Einstein, *c'est de faire toujours la même chose et de s'attendre à un résultat différent.* » Les chats seraient donc fous ? Non ! D'abord parce qu'ils ne refont pas la même chose. Ils apprennent. Rappelez-vous : ils pratiquent volontiers « l'apprentissage par imitation » (voir p. 64). Mais ils le font tant que l'action les intéresse. Mieux : si celle-ci continue à les passionner après qu'ils ont renoncé à toute idée de progression, ils continuent juste pour le plaisir. On entre alors dans le domaine du jeu. Et ce jeu constitue leur motivation suprême, bien avant les bénéfices pratiques qu'ils peuvent tirer de leur action.

Un exemple : tous les chats (ou presque) jouent avec leur queue. Ils tournoient sur eux-mêmes pour essayer de saisir cet appendice qui recule au fur et à mesure qu'ils avancent. Impossible de réussir ! D'autant que, lorsqu'ils parviennent à le harponner à coup de dent, la morsure leur fait mal et ils lâchent immédiatement cette étrange proie. Croyez-vous vraiment les chats assez bêtes pour penser qu'ils vont attraper leur queue une fois pour toutes ? Gageons que non ! Mais cette queue est un jouet toujours disponible, partout, en toutes circonstances. Une aubaine !

Les chats ont sur nous la supériorité inégalable que confère la simplicité : ils ne nourrissent jamais d'idées fausses, fantasmatiques, sur leurs activités. Ils se fichent du regard de l'autre. Ils jouissent d'une self-estime en béton armé. Nous avons des capacités mentales infiniment supérieures à celles de cet animal. Nous pouvons analyser une situation, conceptualiser les émotions qui en découlent, nous projeter loin dans le passé (pour nous remémorer tous nos échecs accumulés) ou dans le futur (si j'échoue encore, c'est que je suis vraiment nul)... C'est à nous de savoir utiliser ces facultés à bon escient, pour nous faciliter la vie et non pour la rendre plus compliquée !

Quelques pistes pour trouver la bonne chattitude

Vous pouvez toujours tenter d'aller débusquer, au fond de votre inconscient, ce qui vous pousse à reculer au moindre échec, voire à ne jamais oser vous lancer dans l'action par peur d'échouer. Cela peut se révéler utile lorsque les échecs sont récurrents au point de vous paralyser, ou que votre envie s'émousse très rapidement. Mais tout le monde n'a pas besoin de s'allonger sur un divan. Souvent, il s'agit simplement d'améliorer sa réaction face à l'échec et à la persévérance. Pour cela, il suffit d'observer un chat, puis d'essayer de l'imiter dans toute la sagesse de sa relation au monde.

QUELQUES IDÉES POUR COMMENCER…

Vous n'êtes pas tout entier contenu dans vos actes. Votre « être » dépasse largement ce cadre. Pourquoi voulez-vous que les autres rejettent l'être riche et complexe que vous êtes uniquement à cause de vos « actes manqués » ? Avouez que ce serait un peu idiot ! Faites confiance à leur jugement au lieu de le redouter.

Mesurez vos compétences pour donner plus de chances à la réussite. Si vous êtes incapable de planter un clou sans faire un énorme trou dans le mur ou vous donner un coup de marteau sur les doigts, ne vous lancez pas dans un projet bricolage trop ambitieux. Ce serait un échec programmé ! Donnez-vous un but atteignable, histoire de vous conforter par une première réussite. Cela vous donnera envie de continuer.

Mettez un peu de jeu dans votre vie ! Nous vous l'avons déjà dit (voir p. 129) : la joie de l'amusement est un excellent paravent contre le découragement. Si vous faites les choses parce que cela vous fait plaisir, vous aurez moins de mal à continuer même en cas d'échec.

Suivez le plus souvent possible votre désir. Oui, c'est vrai, ce n'est pas si facile quand on a pris l'habitude de toujours faire passer les contraintes et le plaisir des autres avant le sien. Mais c'est possible, bon sang ! Il suffit de s'y autoriser. Vous aimez faire la cuisine mais tout le monde fait la grimace en goûtant vos plats ? Persistez... Essayez de vous améliorer. Et même si vous n'y arrivez pas, continuez juste pour le plaisir que vous éprouvez pendant que vous êtes aux fourneaux. Comme un chat qui tente sans cesse d'attraper l'oiseau qui lui échappera toujours...

Je ne sais pas écouter mon désir

Nous y voilà ! Nous vous parlions déjà du désir quelques lignes plus haut. Sur ce plan, le chat nous est, une fois encore, infiniment supérieur. C'est même l'une des caractéristiques majeures que nous avons déjà évoquées. Il sait ce dont il a besoin (c'est son instinct qui le lui dicte), mais aussi ce qui lui fait plaisir. Et ce plaisir passe avant tout. Il est libre. Alors pourquoi voulez-vous qu'il se prive de quoi que ce soit ?

Nous sommes des êtres moins instinctifs, plus sociabilisés, plus soucieux de l'autre… C'est ce qui fait notre charme d'humains ! Mais si nous n'y prenons garde, nous finissons par remettre à demain (voire à carrément oublier) ce que nous désirons vraiment. On répond aux attentes des autres, on ne néglige aucune obligation aussi pénible soit-elle… Au bout du compte, il ne reste plus de place dans notre espace psychique pour notre propre désir. Les chats nous considèrent, paraît-il, comme des gros félins balourds. À cet égard, ils doivent bien se marrer en nous voyant nous priver ainsi de ce qui pimente la vie !

Dans son poème *Le cancre*, le poète Jacques Prévert écrivait : « *Il dit non avec la tête mais il dit oui avec le cœur. Il dit oui à ce qu'il aime, il dit non au professeur**. » Cet enfant rêveur, on l'imagine assis au fond de la classe, les coudes posés sur son pupitre, le menton au creux des paumes, le regard perdu dans le vague. Lorsque l'enseignant le convoque au tableau, il s'y rend. Ce n'est pas un mauvais garçon ! Mais là, soudain, « *le fou rire le prend et il efface tout, les chiffres et les mots, les dates et les noms, les phrases et les pièges. Et malgré les menaces du maître, sous les huées des enfants prodiges, avec les craies de toutes les couleurs, sur le tableau noir du malheur, il dessine le visage du bonheur !* »

Vous nous voyez venir avec nos gros sabots ? Cet enfant lunaire, tout entier absorbé par sa rêverie, a de quoi faire

* Ce poème fait partie du recueil *Paroles*, publié pour la première fois par les éditions Gallimard en 1946. Le texte a été réédité chez Gallimard/Folio en 2017.

envie ! Dans l'enfance, certains étaient un peu comme lui alors que d'autres (les enfants prodiges du poème) oubliaient déjà leur désir pour se conformer à celui que leurs parents projetaient sur eux. Selon la psychanalyste Françoise Dolto, cette attitude serait l'une des principales causes de névrose chez les enfants. Elle qualifiait ces petits trop sages, travaillant trop bien à l'école, de « sur-adaptés ». La plupart du temps, ils deviennent ces adultes animés par un sens aigu du devoir, qui font passer les obligations avant les plaisirs.

Nul besoin d'être poète pour accorder à votre désir la place qu'il mérite (encore que... ça aide !). Lâchez-vous un peu. Faites respecter votre espace quand vous avez envie qu'on vous fiche la paix (voir p. 71). Autorisez-vous des parenthèses de cocooning béat (voir p. 99). Instillez un peu de jeu dans vos activités quotidiennes (voir p. 129)... En un mot : faites-vous plaisir. Et lorsque la tentation vous prend de vous dire que ça ne sert à rien, résistez. Adoptez la réponse que ferait un chat : « Ça sert à quoi ? Ça sert à moi ! »

Dans la vie de votre chat...

Le chat est un être particulièrement fort en désir. Il n'en démord pas. Il sait affirmer son envie de l'instant avec une insistance hors du commun. Si vous n'obtempérez pas, il finira par vous regarder comme un débile qui, décidément, ne comprend rien à rien !

Chez lui, besoin et désir se confondent (ce qui n'est pas le cas chez les humains). La faim est un besoin qui entraîne une envie : manger. Le chat ne fait aucune hiérarchie entre les deux. C'est ce qui lui permet de jouer quand il chasse, comme de se prendre très au sérieux quand il observe le poisson rouge qui tourne dans son bocal. Il n'a peur ni du ridicule, ni des contradictions.

Quand il commence une activité qui répond à son désir, il ne la lâche pas. Que ce soit facile ou difficile, autorisé ou interdit, il persiste tant que l'envie dure. Cette attitude est d'autant plus aisée pour lui que, contrairement à nous, il se préoccupe assez peu du passé et de l'avenir. Une chose est sûre : le chat est plus heureux lorsqu'il fait ce qu'il veut ! C'est ce que révèle une étude effectuée par une équipe de chercheurs de l'université de Berkeley, aux États-Unis. Franchement, on se serait douté du résultat !

Quelques pistes pour trouver la bonne chattitude

Si vous avez commencé à mettre en place certaines des chattitudes précédentes, vous êtes déjà sur la bonne voie. Chez le chat, cette capacité à privilégier son désir, et surtout à y répondre, relève du talent voire du génie. Vous ne pourrez pas rivaliser. Mais vous pouvez mieux faire dans votre vie. Si, si... On en est sûres !

QUELQUES IDÉES POUR COMMENCER...

- **Revenez aux plaisirs simples que vous offrent vos organes sensoriels.** Oui ! Nous nous répétons... Mais le corps reste l'outil numéro un de votre relation au plaisir. Et en redécouvrant vos sensations, vous ferez un premier pas vers l'identification de vos vrais désirs.

- **Écrivez !** Le médecin américain Carl Simonton, qui fut l'un des premiers à se pencher sur la dimension psychosomatique des cancers, recommandait à ses patients d'établir une liste de ce qui leur ferait plaisir. Autant dire une liste de leurs désirs. Des plus banals (manger une glace au chocolat) aux plus inaccessibles (enregistrer un album de chansons). L'ordonnance consistait à assouvir au moins un désir par jour. Tous les jours. Pas mal, comme prescription ! À reproduire sans modération...

→

Ne confondez pas désirs et rêves. Les premiers sont faits pour être réalisés, quand les autres peuvent rester éternellement du domaine du « peut-être un jour ». Le plaisir, c'est une raclette entre amis. Le rêve, c'est l'omelette mythique de la mère Poulard au Mont Saint-Michel, ou le canard au sang de la Tour d'Argent à Paris. Vous pouvez répéter à loisir le plaisir que vous prendrez à partager un repas simple, alors que le menu d'exception que vous vous offrirez peut-être une fois dans votre vie reste du domaine de l'exceptionnel. Ne perdez de vue ni l'un, ni l'autre ! Profitez au maximum au quotidien, et ne vous privez pas des premiers (ils sont en permanence à portée de main) sous prétexte que vous caressez l'idée lointaine des seconds.

J'ai peur de la solitude

« *Notre grand tourment dans l'existence*, écrivait Guy de Maupassant*, *vient de ce que nous sommes éternellement seuls, et tous nos efforts, tous nos actes, ne tendent qu'à fuir cette solitude.* » Nous voilà au cœur du sujet ! Nombreux sont ceux qui se laissent envahir par les innombrables sollicitations émanant du monde extérieur, car ils préfèrent subir toutes les agressions supportables afin de tenir à distance

* Ce célèbre auteur de la fin du XIXe siècle a notamment écrit *Le Horla*, *Une vie* et *Bel ami*. Il est aussi l'auteur de très nombreuses nouvelles.

le spectre de la solitude. Comme s'il n'y avait pas de « juste milieu ». Comme si c'était tout ou rien : soit on reste avec les autres et on absorbe leurs tensions, leur mauvaise humeur, leurs caprices, leur fichu caractère… ; soit on est condamné à rester seul, comme un anachorète réfugié dans sa grotte pour fuir le monde.

La réalité n'est pas si tranchée. Vous avez le droit à des parenthèses de plaisir solitaire (sans mauvais jeu de mot !), sans pour autant remettre en question votre sociabilité. La solitude peut être agréable et savoureuse. Et pour tout dire, heureuse ! Elle l'est d'autant plus qu'on la choisit. C'est ce que fait le chat. Rappelez-vous : c'est un animal libre qui se satisfait volontiers des activités solitaires. Il a compris qu'on est souvent « mieux seul que mal accompagné », comme l'affirme le dicton populaire. Plus nous avons peur de la solitude, plus nous sommes prêts à nous satisfaire de relations décevantes et sans grande qualité. À l'inverse, lorsqu'on s'entend bien avec soi-même, on peut devenir plus exigeant vis-à-vis de ce qu'apportent les autres.

Au final, en acceptant une petite dose de solitude dans votre vie, vous y gagnerez sur tous les tableaux. Vous n'aurez plus peur de vous ennuyer (l'ennui vient souvent d'une sensation pénible d'abandon). Vous ne renoncerez plus à certaines activités sous prétexte que nul ne veut vous accompagner (Ah ! ce film que vous avez tellement envie de voir mais qui n'intéresse personne autour de vous). Vous apprendrez à vous apprécier (ce qui ne va pas de soi lorsqu'on a du mal à s'aimer comme on est). Vous sélectionnerez vos relations de manière plus exigeante... Entre autres.

Dans la vie de votre chat...

Nous l'avons dit : le chat est un animal « social facultatif » (voir p. 13). Il sait vivre en compagnie (à condition qu'on le respecte !), mais ne déteste pas assouvir ses envies tout seul. Il n'a pas besoin des autres, mais il ne les rejette pas pour autant. La seule chose qu'il refuse absolument, ce sont les relations hiérarchiques. Et pour cause : c'est le roi du monde !

Certaines races apprécient particulièrement la solitude, comme les persans ou les chartreux. Cela ne les empêche pas d'être attachés à leur maître (l'affection, c'est autre chose !). Mais vous pouvez les laisser toute la journée seuls à la maison sans qu'ils dérangent les voisins avec leurs miaulements plaintifs.

Le chat a bien compris que son bien-être, si important pour lui, repose en grande partie sur sa capacité à se satisfaire tout seul. Vous agitez une pelote de ficelle devant lui ? Il sera content s'il a envie de jouer à ce moment-là. Mais si vous ne vous occupez pas de lui et que le désir du jeu le prend, il courra derrière sa queue.

Cependant, tous les chats ne sont pas logés à la même enseigne. D'abord, les sauvages sont beaucoup plus solitaires que les domestiques. C'est pour eux une question de survie. Ensuite, tous les chats qui vivent avec des humains n'ont pas la même aptitude à la solitude. Tout dépend de l'âge auquel ils ont été sevrés par leur mère, puis de la manière dont ils ont été éduqués dans leur foyer d'adoption. « *Sa sociabilité dépend des apprentissages et, parmi eux, de l'imprégnation dans le jeune âge* », remarque Joël Dehasse, le vétérinaire psychologue*. Car le chat jouit d'une grande plasticité comportementale. Il sait s'adapter. « *Il est plus territorial que social* », poursuit le thérapeute animalier. « *Il a plus d'attachement à son espace familier qu'aux individus qui l'occupent avec lui. Le chat stresse plus de l'éloignement à son gîte qu'aux individus avec lesquels il vit.* »

Si vous adoptez un chaton, mieux vaut donc l'habituer très tôt aux « interactions interspécifiques » (entre lui et vous) en jouant avec lui, en le câlinant... À condition de respecter son rythme et ses envies. Car la force de son désir est instinctive. Cela n'empêche pas certains chats de faire preuve d'un attachement sans faille, comme notre *Squatt* qui, une fois qu'il nous a eu choisis, a continué

* Voir les références de son livre p. 57.

à nous montrer son affection même lorsqu'il a dû nous suivre de maison en maison.

Quelques pistes pour trouver la bonne chattitude

Allez... Une dernière fois, nous allons vous conseiller de prendre exemple sur la sagesse de votre chat. « *La solitude seule est la source des inspirations* », précisait le poète romantique Alfred de Vigny*. Histoire de dire que dans les parenthèses de solitude émerge une nouvelle créativité.

Vous ne vous sentez l'âme ni d'un musicien, ni d'un peintre, ni d'un poète ? Pas de souci ! Cette créativité, vous pouvez la mettre en œuvre dans votre vie quotidienne. Par exemple pour y glisser un peu plus de joie et de légèreté (voir p. 129) ou pour mieux identifier vos désirs profonds (voir p. 157).

Dans tous les cas, vous avez beaucoup de bien-être à y gagner. Car au fond, ce qui vous prive des petits bonheurs solitaires, c'est la peur de vous retrouver en tête à tête avec vous-même. Or, s'il est une personne avec laquelle il est essentiel de bien vous entendre, c'est vous ! Car malgré tous vos efforts, vous ne pourrez jamais vous fuir au point de ne jamais plus vous rencontrer...

* Dans *Stello,* une pièce de théâtre publiée pour la première fois en 1832 et rééditée par les éditions Flammarion/Poche/Théâtre en 2008.

QUELQUES IDÉES POUR COMMENCER…

Arrêtez de vous sentir abandonné lorsque vous êtes seul. Car en réalité, vous n'êtes pas seul. Vous êtes avec vous. Votre chat se régale de ce tête-à-tête. Et s'il avait raison ?

Faites le point sur les avantages que vous pourrez tirer de la solitude. Inscrivez-les sur un cahier : du temps pour vous, des plaisirs qui vous appartiennent en propre… Faites une liste la plus exhaustive possible de ce que vous allez pouvoir faire dans vos moments solitaires. Lorsque le spleen vous prend, relisez la liste pour vous inspirer.

La peur de la solitude conduit à la dépendance. Ne l'oubliez pas ! « *Qui pourra remplacer le besoin par l'envie ?* », chantait Daniel Balavoine*. Le besoin des autres vous incite à devenir dépendant de leur présence, alors que l'envie de compagnie vous ouvre aux autres. Lorsque l'on redoute la solitude au point de devenir peu regardant sur ses relations, on est plutôt dans le besoin que dans le désir. Pas bon du tout, ça ! Et surtout, pas « chat »…

→

* Dans la chanson *Sauvez l'amour*, de l'album éponyme sorti en 1985.

Forcez-vous un peu ! Aller au cinéma ou au théâtre seul, par exemple, réserve de bonnes surprises. Le choix du film ou de la pièce ne fait pas débat. Personne ne vous distrait avec une réflexion murmurée à l'oreille alors que vous êtes concentré sur l'action. Et surtout, à la sortie, vous pouvez rester « dans votre bulle » et continuer à savourer le spectacle si vous l'avez aimé. Pas mal, non ?

CHAPITRE 4

UNE JOURNÉE DE PARFAITE CHATTITUDE !

Côté chattitude, vous commencez à être au point. Reste à intégrer tout cela dans votre vie quotidienne. Ça ne se fera pas d'un coup de baguette magique, il ne faut pas rêver ! Vous n'allez pas, en trois coups de cuillère à pot, égaler votre chat dans sa sagesse millénaire. Mais si vous y mettez du vôtre, vous pourrez faire des progrès dans les domaines de prédilection de cet animal unique : la liberté, la confiance en soi, l'auto-cocooning, la gestion du temps, la légèreté, la concentration sur l'instant présent...

Pour vous aider dans votre évolution, voici l'exemple d'une journée digne de celles d'un chat. Nous avons choisi un jour de week-end ou de vacances dans un cadre familial, histoire de ne pas mettre d'entrée la barre trop haut. Mieux vaut attendre d'avoir du temps devant soi pour vous lancer. Car tout cela va décoiffer votre petit ronron quotidien.

Nous en voyons certains qui lancent un regard ébahi. Votre ronron ? Mais non... Nous n'allons pas vous apprendre à ronronner ! Nous ne parlons pas de cet attribut sonore typiquement félin qui restera à jamais étranger aux humains que nous sommes. Nous parlons de vos petites habitudes, de cette routine que vous suivez chaque jour de manière d'autant plus aveugle que vous n'en avez pas vraiment conscience.

« *L'habitude tue l'imagination, il n'y a que les objets nouveaux qui la réveillent* », disait le philosophe Jean-Jacques Rousseau*. Pour les chats, tout est toujours nouveau et mérite leur pleine attention. Ils ne sont jamais enfermés dans l'habitude, même si certains de leurs comportements sont extrêmement récurrents. À chaque instant, ils agissent en fonction de leurs besoins fondamentaux. C'est précisément ce qui est au programme de votre journée de parfaite chattitude !

Réveil serein

☹ **Ce que vous faites d'habitude** : sauter hors du lit en pensant à tout ce que vous avez à faire aujourd'hui.

Ce que fait votre chat : il s'étire longuement, bâille et prend son temps.

☺ **Ce que vous allez faire maintenant** : prendre au moins une demi-heure pour vous, sans penser aux contraintes de la journée.

› Gardez vos yeux fermés pendant quelques minutes, le temps de reprendre contact avec votre souffle. Restez allongé sur le dos, posez vos mains sur votre ventre et prenez quelques respirations profondes en gonflant votre ventre à l'inspiration et en le contractant à l'expiration.

* Dans *Émile, ou de l'éducation*, publié pour la première fois en 1762. Ce texte a été réédité en 2009 par les éditions Flammarion Poche.

› Ouvrez les yeux et étirez vos jambes et vos bras. Puis asseyez-vous lentement sur le bord du lit et continuez votre stretching : le cou, les épaules... Visualisez votre chat en train de s'étirer au réveil et faites comme lui !

› Prenez votre temps... Et lorsque vous avez terminé, forcez-vous à bâiller profondément. Si, si... C'est possible. Il suffit d'ouvrir grand la bouche jusqu'à ce que cet « appel d'air » provoque un bâillement. Celui-ci sera d'abord léger, mais répété chaque jour, vous finirez par bâiller vraiment.

› Levez-vous et faites quelques pas dans la chambre. Ouvrez la fenêtre et appréciez l'air qui pénètre dans la pièce. Il est peut-être plus pollué que celui que vous avez respiré pendant la nuit, mais n'allons pas chipoter ! Il faudra bien aérer la chambre à un moment ou à un autre, alors faites-le tout de suite et ouvrez-vous au monde extérieur qui s'offre à vous.

Lever tonique

☹ **Ce que vous faites d'habitude :** filer en vitesse dans la salle de bains et passer sous la douche sans attendre.

Ce que fait votre chat : il fait quelques pas, s'arrête, regarde autour de lui, fait un brin de toilette… Sans se presser.

☻ **Ce que vous allez faire maintenant :** accordez-vous au moins une demi-heure dans la salle de bains pour chouchouter votre visage et votre corps. Et si vous préférez prendre votre petit-déjeuner d'abord, libre à vous. Vous avez zéro contrainte aujourd'hui !

› Vous aimez les bains mais vous n'en prenez que le soir pour ne pas vous « ramollir » dès le matin ? Erreur. Un bon bain peut aussi être stimulant. Trouvez la bonne température : assez chaud pour être agréable, et pas trop pour ne pas devenir lénifiant. Ajoutez 15 gouttes d'huiles essentielles tonifiantes : basilic, pin sylvestre, thym. Versez-les d'abord dans une demi-tasse de bicarbonate et mélangez bien avant de verser sous les robinets ouverts. Profitez-en pour rire au nez de votre chat, car les huiles essentielles lui sont interdites. Avec sa toilette inodore, il ne peut pas rivaliser côté plaisir !

› Au sortir de l'eau, enveloppez-vous dans un grand drap de bain moelleux (sans vous sécher) et occupez-vous de votre visage : gommage, sérum, crème…

› Puis étalez du lait ou de la crème hydratante sur votre corps et prenez le temps de vous masser soigneusement en insistant sur les zones tendues (notamment les épaules), ainsi que la plante des pieds et la paume des mains.

› Ce ne sont que des exemples… Vous pouvez faire à votre manière : gommage et douche fraîche par exemple. L'essentiel est que vous preniez votre temps et que vous restiez concentré sur vos sensations.

Petit-déjeuner libre

☹ **Ce que vous faites d'habitude :** préparer le petit-déjeuner en privilégiant les préférences des autres membres de la famille, ou vous forcer à prendre un premier repas équilibré même si vous n'avez envie de rien.

Ce que fait votre chat : il mange s'il a faim, sinon il s'abstient. Il suit sa boussole intérieure…

☻ **Ce que vous allez faire maintenant :** comme lui, vous allez repérer vos envies et y céder !

› Vous préférez manger avant de passer à la salle de bains ? N'hésitez pas. Comme un chat, suivez votre boussole.

› Vous n'avez pas faim le matin ? Ne mangez pas ! Vous ferez une collation plus tard, voire un brunch qui remplacera le déjeuner.

› Une seule règle : prenez le temps de déguster, mangez lentement en mâchant bien, éprouvez votre plaisir en vous concentrant sur vos sensations gustatives…

Sortie du matin

☹ **Ce que vous faites d'habitude :** vous lancer dans tout ce que vous n'avez pas eu le temps de faire au cours de la semaine ! Et tant pis si c'est pénible. Il faut bien que quelqu'un s'y colle…

Ce que fait votre chat : il se balade, nez au vent et fait le tour de son territoire. Et s'il vit en appartement, il en explore chaque recoin.

☻ **Ce que vous allez faire maintenant :** une longue promenade dans la nature pour respirer le bon air, ou en ville pour lécher les vitrines ; une visite culturelle dans un musée ou une exposition ; une activité physique agréable… L'essentiel est que ça vous fasse plaisir !

› Laissez tomber les obligations, ce matin ! Suivez votre envie de l'instant… Il faut aller faire les courses parce que le frigo est vide ? Posez-vous la question : l'est-il vraiment ? Ne reste-t-il pas dans le congélateur et le placard de quoi passer la journée ? Et pourquoi ne pas répartir les corvées de manière à ce que chacun fasse sa part ?

› Vous avez du mal à savoir ce qui vous ferait vraiment plaisir ? Prenez un petit moment pour faire le point. Il y a certainement des activités qui vous enchantent et que vous ne vous autorisez jamais. Vous les avez mises de côté au point de les oublier. C'est le moment de les exhumer !

› Vous aimez l'activité physique ? Allez-y… Mais évitez ce qui vous fait « souffrir » en vous demandant des efforts pénibles. Si efforts il y a, il faut qu'ils vous soient agréables.

Déjeuner plaisir

☹ **Ce que vous faites d'habitude :** profiter du week-end pour concocter des petits plats équilibrés à l'intention de toute la famille, quitte à mécontenter les enfants avec votre joli plat de haricots verts vapeur… Des efforts et des conflits en perspective !

Ce que fait votre chat : une fois encore, il mange s'il a faim, il ne mange pas si ça ne lui dit rien. C'est vrai, ce n'est pas du jeu ! Lui, sa gamelle est toujours pleine et son rythme biologique l'incite à manger quand il en a envie. Vous ne pouvez pas lutter. Mais essayez tout de même de vous respecter un peu.

☺ **Ce que vous allez faire maintenant :** penser à VOUS ! Cuisinez ce qui vous fait plaisir. Pour une fois, mangez ce qui vous plaît et c'est tout ! Vous penserez « équilibre alimentaire » demain…

› Vous avez envie de concocter un petit plat ? Faites-le. Vous n'avez aucune envie de vous mettre aux fourneaux ? Faites-le. Et pourquoi ne pas demander à chaque membre de la famille de s'occuper de son déjeuner ? Voire commander une pizza ? Ce n'est pas une solution permanente (pas de malbouffe programmée dans la maison), mais pour une fois, pensez à vous !

› Profitez-en pour redécouvrir des saveurs oubliées. Votre chat n'a pas une acuité gustative aussi développée que la vôtre. Il est carnivore, alors que nous sommes omnivores. Ses repas sont donc assez monotones. Nous avons sur lui une longueur d'avance dans ce domaine. C'est assez rare pour le… savourer ! Alors, explorez des saveurs nouvelles. Inutile pour cela d'aller chercher des produits exotiques ou bizarres. Optez plutôt pour des aliments simples, non transformés, que vous mangerez nature, crus ou cuits à la vapeur. Essayez de les déguster les yeux fermés, en vous concentrant sur vos sensations. Vous aurez des surprises…

› Vous n'avez aucune envie de vous mettre à table ? Préparez un sandwich multicolore (pain au levain, jambon, fromage frais, laitue, tomates…) et allez tranquillement le dévorer dehors, dans un rayon de soleil (très chat comme programme !).

Délice de sieste

☹ **Ce que vous faites d'habitude :** pas question de vous reposer. Vous avez trop à faire.

Ce que fait votre chat : il a envie d'un petit somme. Il ne s'en prive pas !

☺ **Ce que vous allez faire maintenant :** comme lui, vous allez vous accorder une SIESTE !

› L'art de la sieste se cultive avec soin. On ne fait pas ça à la légère. Regardez votre chat : même quand il dort, il est tout entier présent à sa détente. C'est bien pour ça qu'il excelle dans cet art qui ne vous est peut-être pas familier (sauf si vous vivez au bord de la Méditerranée !).

› Vous pouvez vous installer n'importe où, pourvu que votre couche soit assez confortable et, surtout, que vous ne risquiez pas d'être dérangé. Il n'y a rien de pire qu'une sieste interrompue de manière intempestive. Votre chat le sait bien…

› Pour vous endormir sereinement, videz votre tête de toute pensée parasite. Vous n'y arrivez pas ? Faites un petit exercice respiratoire. Vous n'y arrivez toujours pas ? Récitez-vous un poème que vous avez appris dans votre enfance et dont il vous reste quelques bribes, ou fredonnez intérieurement une chanson que vous aimez bien… L'essentiel : focaliser vos pensées sur le texte pour faire écran aux ruminations mentales, surtout si vous vous sentez coupable d'être couché en pleine journée.

› N'oubliez pas de couper la sonnerie de tous les téléphones de la maison. Ceux qui désirent vous joindre attendront !

Petits bonheurs de l'après-midi

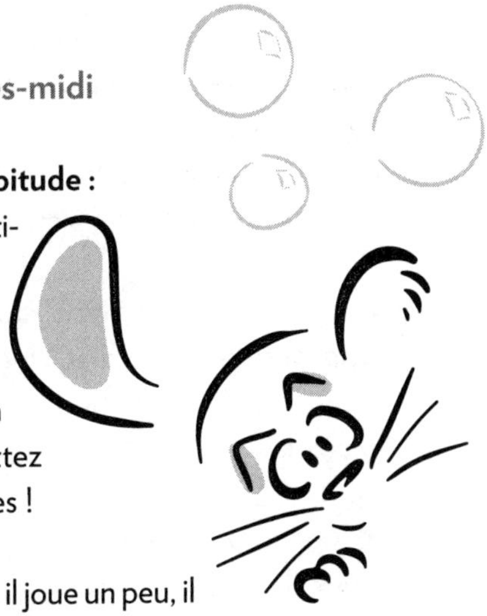

Ce que vous faites d'habitude : conduire les enfants à leur activité sportive, attaquer une pile de repassage, préparer votre réunion de lundi (le plus tôt sera le mieux)… La seule chose que vous remettez à plus tard, ce sont vos envies !

Ce que fait votre chat : il joue un peu, il regarde passer les oiseaux, il fait un petit somme, il réclame à manger, il joue à nouveau…

Ce que vous allez faire maintenant : comme lui, vous allez faire ce qui vous fait ENVIE ! Là, tout de suite…

› Vous avez l'après-midi devant vous. Rien que pour vous ! Que vous préfériez l'action ou la contemplation, faites de ce temps une parenthèse de plaisir.

› Vous manquez d'idées ? Et si vous sortiez un jeu de société pour faire une partie en famille ? Et si vous appeliez quelques amis pour une sortie improvisée ? Et si vous sortiez votre carnet à dessins ou votre journal intime ?... Tout ce qui vous rend la vie plus légère et agréable est bon à prendre !

› Si vous vous épanouissez dans l'activité physique, allez nager, courir, pédaler... Mais sans trop forcer. Le plaisir avant tout. Privilégiez les activités sportives de groupe pour que ce plaisir soit partagé : une partie de tennis entre amis, de volley sur la plage (si le temps le permet) ou de foot avec les enfants dans le parc voisin.

› Vous avez un maître en la matière, alors prenez des cours en jouant avec votre chat. Une petite boulette de papier ou un bout de ficelle et hop ! le voilà concentré sur ce jouet improvisé.

› Rien ne vous empêche de papillonner d'une activité à l'autre, à condition d'y consacrer à chaque fois toute votre attention.

Dîner gourmand… ou pas !

☹ **Ce que vous faites d'habitude :** inviter amis ou famille, et préparer le dîner. Mais vous êtes « sous pression » car vous voulez que tout soit parfait.

Ce que fait votre chat : comme d'habitude, il fait ce qu'il veut. Ce n'est pas compliqué ! Vous n'avez pas encore compris ?

☻ **Ce que vous allez faire maintenant :** lâcher tout de suite votre stress. Vous avez droit à l'approximation et à l'imperfection.

› La perspective de voir vos amis ou votre famille vous fait plaisir, mais vous n'avez pas envie de vous mettre la pression ? Organisez juste un petit apéritif dînatoire. Et arrêtez d'avoir peur de leur jugement. Ce sont vos amis, pas des inspecteurs du guide Michelin !

› À l'inverse, si votre plaisir réside dans le fait de dresser une belle table, de la décorer avec un joli bouquet préparé avec les fleurs que vous avez ramassées au cours de votre balade du matin, et de leur servir un repas soigneusement cuisiné, ne vous en privez pas. À condition que tout cela ne tourne pas à l'obligation en cours de route. Restez vigilant.

› Vous avez envie de rester en pyjama et de dîner d'un simple potage devant un bon film ? Allez-y. Et oubliez toute culpabilité !

› Et si vous demandiez à votre chéri(e) et à vos enfants de s'occuper du dîner ce soir, pendant que vous partez faire un petit tour de manière à ce que tout soit prêt quand vous rentrerez ?

Soirée détente

☹ **Ce que vous faites d'habitude :** toujours la même chose. Télé, et au lit !

Ce que fait votre chat : il dort un peu, s'étire, joue, redort un peu… Il improvise au fil de ses besoins.

☻ **Ce que vous allez faire maintenant :** varier les plaisirs et explorer de nouveaux champs de détente.

› Jetez vos habitudes aux orties ! Elles ne vous apportent plus suffisamment de satisfaction pour nourrir votre plaisir et votre bien-être.

› À cette heure, il n'est plus question de s'agiter le corps ou les neurones. Pensez relaxation, détente, délassement, distraction salutaire…

› C'est l'heure idéale pour une bonne crise de fou rire. Oubliez le programme du jour et regardez en replay le spectacle d'un humoriste ou un bon vieux film comique. Ou bien régalez-vous avec la énième rediffusion de *Kaamelott**. Les dialogues absurdes concoctés par Alexandre Astier sont irrésistibles.

› Pensez aussi lecture. C'est le moment idéal.

* Cette série humoristique décrit la vie imaginaire d'un Roi Arthur déprimé entouré de chevaliers idiots. Elle est disponible en DVD produits par M6 vidéo.

Bonne nuit !

☹ **Ce que vous faites d'habitude :** regarder une dernière fois vos mails sur votre téléphone, jouer sur votre tablette... En attendant le sommeil qui ne viendra peut-être pas tout de suite.

Ce que fait votre chat : quand il est question de dormir, il est toujours au rendez-vous.

☺ **Ce que vous allez faire maintenant :** vous préparer pour une bonne nuit de sommeil !

› « *Le sommeil se prépare tout le jour durant* », disait en substance le philosophe Friedrich Nietzsche. Aujourd'hui, vous l'avez fait ! Ne gâchez pas cette belle préparation en laissant se redresser le perfide serpent du stress.

› Éteignez smartphones et tablettes. Diffusez des huiles essentielles apaisantes dans votre chambre (lavande, néroli...). Fermez les volets et les doubles-rideaux.

› Une fois couché, offrez-vous une petite séance de relaxation. Par exemple en repassant mentalement tous les plaisirs de la journée pour les savourer à nouveau.

› Et si l'envie vous prend d'un câlin à deux, ne vous en privez pas. L'amour met en jeu des hormones très apaisantes (endorphines, ocytocine...). Vous n'en dormirez que mieux.

Après cette journée de plaisir digne d'un chat libre et heureux, vous avez toutes les chances de passer une bonne nuit. Demain matin, vous vous réveillerez en forme et le monde sera à vous !

CONCLUSION

Les chats sont nos maîtres. C'est comme chat ! Leonor Fini, qui les a peints sous toutes les coutures, affirmait que « *le chat est, à nos côtés, le souvenir chaud, poilu, moustachu et ronronnant d'un paradis perdu.* » Perdu pour nous, pauvres humains entachés par la faute originelle. Mais pas pour eux qui s'y prélassent avec délectation. D'ailleurs, les écrivains pardonnent tout à sa beauté sensuelle qui flirte avec le péché sans jamais y sombrer vraiment.

Lorsque l'on demandait à André Malraux comment il faisait pour écrire avec un chat couché sur son bureau, il répondait : « *J'écris autour !* » Quant à Bernard Pivot, lorsque son chat s'allonge voluptueusement sur la feuille où il est en train de poser ses mots, il conclut : « *C'est le signe que ce n'était pas fameux, et que ce qui allait venir serait pire.* » Impossible de rivaliser avec cette fascination inconditionnelle. Avouons-le : *Looney* ne s'est jamais couchée sur le clavier de l'ordinateur pendant que nous écrivions ce livre. Peut-être approuvait-elle nos propos sur elle et ses congénères ?

Quoi qu'il en soit, la seule solution qui nous reste, c'est de suivre ce beau petit félin comme s'il s'agissait d'un « éducateur de vie ». Nous espérons que ces humbles leçons de chat vous aideront à les imiter dans ce qu'ils ont de meilleur...

TABLE DES MATIÈRES

CHAPITRE 2

CHAPITRE 3

CHAPITRE 4

Achevé d'imprimer en Espagne
par Novoprint
Dépôt légal : avril 2018